kailash

Michaela Doepke

Buddhas kleines Gute-Nacht-Buch

Mit 52 Wochen-Übungen

kailash

Bildnachweis
Getty Images, München: 18 (digital Vision), 94 (photodisc)
iStockphoto, Calgary, Canada: 10 (Dale Robins), 14(pixhook), 26 (DawnYL6161), 30 (EbenWas), 34 (KieselUndStein), 38 (thekekster), 42 (rainerhi), 46 (prwstd), 50 (P_Wei), 54 (danishkhan), 58 (LICreate), 62 (calvste), 66 (ImagineGolf), 70 (Yuri), 74 (alantobey), 78 (tazytaz), 82 (Anantha Vardhan), 86 (Brejeq), 90 (nicolesy), 98 (WTolenaars), 102 (fkienas), 106 (kulicki), 110 (kurtvst), 114 (magisjaponica), 118 (JasonKSLeung), 122 (Tarzan9280), 126, 130 (hadynyah), 134 (Spanic), 138 (Jonathan Austin Daniels), 146 (rouchalka), 150 (Champ_LFC), 154 (egcs), 158 (R_Koopmans), 162 (clu), 166 (Casarsa), 170 (miramari), 174 (Vernon Wiley), 178 (Liliboas), 182 (dangdumrong), 186 (diaojianqing), 190 (GlobalStock), 194 (chinaface), 198 (blowbackphoto), 202 (trebuchet), 210 (N.N.), 214 (intuitivmedia)
LOOK, München: 022, 206 (age fotostock / LOOK-foto), 142 (NordicPhotos / LOOK-foto)

MIX
Paper from responsible sources
FSC® C084279

Verlagsgruppe Random House FSC® N001967
Das für dieses Buch verwendete FSC®-zertifizierte Papier
Tauro liefert Papier Union.

2. Auflage
Originalausgabe

Lektorat: Ute Heek
Bildredaktion: Ute Heek und Dietlinde Orendi
Umschlaggestaltung: ki 36, Sabine Krohberger Editorial Design, München
Umschlagmotiv: Getty Images
Satz: EDV-Fotosatz Huber/Verlagsservice G. Pfeifer, Germering
Druck und Bindung: Print Consult, München
Printed in Slovak Republic
ISBN 978-3-424-63081-7
www.kailash-verlag.de

*Dieses Buch möchte ich meinen geliebten Kindern
Jona, Christoph, Jim und Hannah widmen.*

VORWORT

Eine Entdeckung des inneren Friedens und des grundlegenden Gutseins habe ich vor rund dreißig Jahren gemacht, als ich plötzlich unvermittelt vor S. H. dem Dalai Lama stand. Auf einem Vortrag, den ich damals als Pressefotografin besuchte, begegnete ich ihm das erste Mal. Die Menschenmenge hatte mich direkt nach vorne geschoben, und er hatte mir ganz unerwartet die Hand gereicht.

Damals konnte ich mich noch nicht liebevoll annehmen, wie ich bin, und übte aufgrund meines hohen Perfektionsanspruchs auch häufig harte Selbstkritik. Doch als ich so unmittelbar und unvorbereitet vor dem Dalai Lama stand und ihm in die Augen sah, wusste ich plötzlich tief in meinem Herzen, dass ich wie alle anderen Menschen von Grund auf gut bin. Mir war intuitiv klar: Um die wahre Natur des Seins in mir zu entdecken, gibt es nichts zu tun und nichts zu leisten.

Dieses aufrüttelnde Ereignis wirkte in mir wie eine Initiation und war gleichsam der Auftakt für meinen intensiven Weg zum

Buddhismus. Unzählige Begegnungen mit dem Dalai Lama sollten in meinem Leben noch folgen. Er ist für mich wie Buddha und viele andere Weisheitslehrer eine unaufhörliche Inspirationsquelle von Liebe und bedingungslosem Mitgefühl, die ich mit diesem Büchlein gerne an Sie weiter vermitteln möchte.

Mit diesem Jahresbegleiter möchte ich Ihnen zur Nachtruhe die Weisheitsworte des Buddha und bekannter buddhistischer Lehrerinnen und Lehrer ans Herz legen. Auf 52 Kalenderwochen verteilt, präsentiere ich Ihnen als abendliche Einstimmung und Entspannung jeweils für eine Woche heilsame Weisheitsworte und Gedanken zum Einschlafen.
Wer sich vom hektischen Alltag entspannen und Ruhe für die Nacht finden möchte, kann sich von kleinen Weisheitsgeschichten inspirieren lassen. Die kurzen begleitenden Meditationsübungen können dabei auch im Liegen ausgeübt werden. Wenn Sie nur eine Woche nach den Worten des Buddha leben, entwickelt sich als Geschenk gleichsam Liebende Güte, Zufriedenheit, Mitgefühl und Achtsamkeit im Alltag, und Sie werden beruhigt einschlafen.

DAS GLÜCK
FINDET SICH NICHT
MIT DEM WILLEN ODER
DURCH GROSSE ANSTRENGUNG,
SONDERN IST IMMER SCHON DA,
VOLLKOMMEN UND FERTIG,
IM ENTSPANNEN UND
IM AUFGEBEN.
Lama Gendün Rinpoche

1. WOCHE

Wer nach einem anstrengenden Tag entspannt einschlafen möchte, dem gelingt dies leichter, wenn er seinen aufgewühlten Geist zuvor beruhigen kann. Die Weisheit und das Wissen großer buddhistischer Meister können uns dabei helfen. Gleich spirituellen Leuchttürmen weisen sie uns den Weg durch die Nacht.

So ermutigen uns etwa die Worte des großen tibetischen Meisters Gendün Rinpoche, nicht zu grübeln oder Probleme zu wälzen, da wir sie zur Nachtzeit sowieso nicht lösen können. Denn wenn wir glauben, etwas festhalten oder kontrollieren zu können, überschätzen wir dabei unsere eigene Macht.
Oft meinen wir, das Glück läge außerhalb von uns selbst. Die Sehnsucht nach dem unerreichbaren Liebespartner, die unerfüllten Erwartungen an die Freundin, an die Mutter, an die Kinder quälen uns. Doch Erwartungen sind häufig nur dazu da, enttäuscht zu werden. Nach Gendün Rinpoche ist das so, als wollten

wir einen Regenbogen verfolgen, ohne diesen je zu erreichen. Er unterweist uns, das Glück als etwas anzusehen, das so nicht existiert und zugleich immer schon da war und uns jeden Augenblick begleitet. Wenn wir etwas, das man nicht fassen kann, erreichen wollen, vergeuden wir lediglich unsere Kräfte. Sobald wir dieses Verlangen loslassen, ist Raum da, und wir finden unseren geistigen Frieden. Alles ist bereits für uns da, wenn wir das Glück im eigenen Leben, in der Rückschau auf den Tag sehen und wertschätzen lernen. Gendün Rinpoche sagt: »Wir sollten nicht im undurchdringlichen Dschungel den Elefanten suchen, der schon ruhig zu Hause wartet.« Daher blicke voll Dankbarkeit auf die Dinge, die heute gut gelaufen sind, auf die Menschen, die dir heute Liebe entgegengebracht haben und nicht auf das, was in der Ferne liegt und das du sowieso nicht willentlich erzwingen kannst. Der tibetische Meister ermuntert uns: »Tue nichts, forciere nichts, und alles geschieht von selbst.«

Übung

Praktiziere in einem sicheren und ruhigen Raum auf dem Kissen oder im Liegen. Entspanne dich.

Es gibt jetzt nichts zu tun und nichts zu leisten.

Beobachte deine Gedanken und halte sie nicht fest.

Bewerte sie nicht. Lass das Gedankenspiel ganz von selbst ablaufen: Lass deine Gedanken kommen und gehen und wie Wolken am Himmel vorüberziehen.Versuche nicht, etwas zu ändern. Deine Gedanken lösen sich auf und entstehen wieder neu, unaufhörlich. Spüre deinen atmenden Körper und dein Sein. Alles ist gut, wie es im jetzigen Moment ist.

WIR SOLLTEN
UNS DARIN ÜBEN,
VORSCHNELLE BEWERTUNGEN
SEIN ZU LASSEN,
DENN WER WEISS SCHON,
WOZU EINE ZUNÄCHST
VIELLEICHT UNANGENEHME
ERFAHRUNG GUT IST.

Ringu Tulku Rinpoche

2. WOCHE

Einst ging ein König mit einem Freund und seinem Arzt im Wald auf die Jagd. Der König verletzte sich dabei den Finger, der Arzt versorgte die Wunde und verband sie. Der König fragte: »Was meinst du, wird mein Finger wieder gut?« Der Arzt antwortete: »Gut, schlecht, wer weiß das schon!« Doch der Zustand des Fingers wurde immer schlimmer. Der Arzt nahm den Verband ab und untersuchte ihn noch einmal. Der König erkundigte sich erneut, ob mit dem Finger wieder alles gut werde. Und wieder erhielt er die Antwort: »Gut, schlecht, wer weiß das schon!« Drei Tage später war der Finger so schlimm entzündet, dass er amputiert werden musste. Der König war völlig aufgebracht und ließ den Arzt ins Gefängnis werfen. Er fragte den Arzt: »Nun, was denkst du darüber, im Gefängnis zu sein?« Der Arzt antwortete wie gewohnt: »Gut, schlecht, wer weiß das schon!« Der König dachte, der Arzt sei wirklich komplett verrückt geworden. Ein paar Tage später ging er wieder in den Wald, um zu jagen. Dieses Mal verirrte er sich und wurde von Waldbewohnern gefangen genommen. Sie wollten ihn den Göttern opfern, aber als deren Oberhaupt sah, dass der König nur neun anstelle von zehn Fingern hatte, lehnte er ihn als Opfer ab, da er nicht perfekt genug war, und gab ihm die Freiheit.

Der König kehrte in die Stadt zurück und ließ den Arzt aus seiner Zelle holen. Er sagte zu ihm: »Es ist gut, was mit meinem Finger passiert ist, das hat mir das Leben gerettet, aber es war schlecht, dass ich dich ins Gefängnis werfen ließ!« Der Arzt widersprach: »Wenn du mich nicht ins Gefängnis geworfen hättest, wäre ich mit dir jagen gewesen. Und da ich über zehn Finger verfüge, hätte man mich den Göttern geopfert. Also hat es am Ende mein Leben gerettet, dass du mich hier eingesperrt hast!« Die Moral von der Geschichte ist: »Gut, schlecht, wer weiß das schon!«

Übung

Hast du dich heute geärgert oder eine sehr unangenehme Erfahrung gemacht? Erinnere dich daran, wie oft dein Ärger oder dein Kummer unnötig und bereits eine Woche später wieder vergessen waren. Lass deine negativen Gedanken los! Vielleicht bist du heute krank und kannst morgen nicht zur Arbeit gehen, obwohl doch eine wichtige Sitzung ansteht, auf der du unbedingt dabei sein wolltest. Möglicherweise gehst du übermorgen wieder hin, und die Kollegen beneiden dich, dass du nicht dabei gewesen bist, weil der Chef so schlecht gelaunt war. Die Dinge ändern sich so schnell, und aus negativen Ereignissen werden positive. Denke daran und schlafe beruhigt ein: »Gut, schlecht, wer weiß das schon!«

OM MANI
PADME HUM
(OH, KLEINOD
IN DER LOTOSBLÜTE)

3. WOCHE

Bist du manchmal deprimiert oder unruhig? Dann kann das Aufsagen eines Mantras die Atmosphäre deines Geistes vollständig verändern und wahre Wunder bewirken. Diese Praxis wird im Tibetischen Buddhismus sehr oft angewandt. Sie schützt den Geist vor seinen eigenen negativen Gedanken. Durch die Rezitation von Mantren erzeugen wir Schwingungen in unserem gesamten Energiesystem, die eine ganzheitliche Harmonisierung bewirken. Wir rufen den Segen aller Buddhas auf den feinstofflichen Ebenen von Körper und Geist herbei. Blockaden werden aufgelöst, alte Muster verschwinden, mehr Klarheit und Kraft wird uns zuteil. Man könnte auch sagen, wir programmieren unsere Festplatte neu oder energetisieren unseren Energiekörper mit heilsamer Information. Jedes Mantra wirkt wie ein Zauberwort. Es ist die Verkörperung von Klang und spiritueller Wahrheit, die ein tiefes Weisheitswissen in sich birgt und uns nachhaltig transformieren kann.

Mantren sind mystische Silbenkombinationen, die sich meist nicht sinnvoll übersetzen lassen und die Essenz einer Meditationsgottheit in sich bergen. Das wohl bekannteste Mantra ist von Avalokiteshvara (tib. Chenresig): »Om mani padme hum«. Er gilt als Nationalgottheit Tibets, als Schutzgottheit sowie als der Bodhisattva der unendlichen Liebe und des bedingungslosen Mitgefühls. Der Dalai Lama wird heute als lebende Verkörperung von Avalokiteshvara von Tibetern und Buddhisten in aller Welt verehrt. Avalokiteshvara (übers.: »Der die Schreie der Welt hört«) wird meist als vier- oder tausendarmig dargestellt, hat eine weiße Körperfarbe und hält eine Lotosblume, ein Juwel und eine Mala in seinen Händen. Das Rezitieren seines Mantras ist so etwas wie der buddhistische »Rosenkranz«. Viele Tibeter gehen keinen Schritt ohne ihre Mala (Gebetskette) und rezitieren in jeder freien Minute das »Om mani padme hum«. Das Mantra reinigt als Energieformel Körper, Rede und Geist und drückt den Wunsch nach dem Wohl und der Erleuchtung aller Lebewesen aus. Es ist auch ein Mantra für Zeiten, in denen man Hilfe und Unterstützung braucht und selbst nicht mehr weiter weiß.

Übung

Rezitiere oder singe das Mantra »Om mani padme hum« im Stillen vor dem Einschlafen. Wenn störende Gedanken kommen, nimm sie wahr und lass sie wieder ziehen.

Kehre zum Mantra zurück. Denke an einen Menschen, den du liebst. Lass dann unendliche Liebe und bedingungsloses Mitgefühl in deinem Herzen für alle Menschen entstehen.

Stelle dir nun eine hell strahlende Lichtquelle in deinem Herzen vor und dehne sie mit jeder Rezitation in den weiten Raum aus. Sei getragen von dem Wunsch, allen Lebewesen mit deinem Licht unendliche Liebe und Mitgefühl zu senden.

MÖGE ES

ALLEN WESEN WOHL ERGEHEN.
MÖGEN IHRE HERZEN VON
FREUDE ERFÜLLT SEIN.

MÖGEN SIE
ALLE IN SICHERHEIT
UND FRIEDEN LEBEN.

Worte des Buddha über Liebende Güte
(Metta Sutta)

4. WOCHE

Manchmal sind wir mit uns selbst unzufrieden. Wir sind enttäuscht, weil wir unseren Freund im Streit beleidigt haben, und jetzt tut es uns leid. Wir ärgern uns über unsere Unbeherrschtheit und können nicht einschlafen. Interessanterweise konnte der Dalai Lama Gefühle wie Selbsthass oder tiefe Selbstzweifel gar nicht nachvollziehen, als er in den Westen kam. Man musste ihm erst erklären, was das ist. Diese Gefühle scheinen speziell im Westen kulturbedingt zu sein. Wie das spirituelle Oberhaupt der Tibeter auf seinen Vortragsreisen immer wieder betont, sollte die Praxis des Mitgefühls und der Liebenden Güte bei uns selbst beginnen, bevor wir sie auf andere Lebewesen ausdehnen. Vor allem die buddhistische Metta-Meditation ermutigt und zeigt uns, wie wir mit der Kraft der Liebe heilsame Gedanken und Selbstliebe erzeugen und starke Emotionen wie Selbsthass oder harte Selbstkritik beseitigen können. Der Buddha sagt: »Durchsuche das Universum nach einem Wesen, das deine Liebe und Zuneigung mehr verdient als du, du wirst es nirgends finden.«

Praktizieren wir Liebende Güte, können wir gut schlafen und haben angenehme Träume. Der Buddha hat der Metta-Meditationspraxis noch weitere positive Wirkweisen zugeschrieben: Wir werden gut schlafen, angenehme Träume haben, leicht aufwachen, von Menschen geliebt werden, von äußeren Gefahren unbeschadet bleiben, unsere Gesichter werden strahlen, unser Geist heiter sein, und wir werden friedvoll sterben – so die Verheißung.

Übung

Wenn wir die Praxis der Liebenden Güte anwenden, sollten wir die folgenden Wünsche erst für uns und dann für andere aussprechen. Wir sollten tiefe Freundschaft mit uns selbst pflegen, wenn wir über folgende Sätze nachsinnen:

Möge ich frei sein von Gefahr.
Möge ich glücklich sein.
Möge ich körperlich gesund sein.
Möge ich leicht durchs Leben gehen.

Immer dann, wenn uns Gefühle von Unzulänglichkeit und Unzufriedenheit überwältigen, sollten wir diese Sätze wiederholen. Bei fortlaufender Praxis wird sich allmählich eine stabile Geisteshaltung von Freude und Frieden entwickeln, und wir werden lächelnd einschlafen.[1]

WENN

ICH MIT DEM SEIL DER
IMMERWÄHRENDEN ACHTSAM-
KEIT DIESEN ELEFANTEN,
MEINEN GEIST BINDE,
VERSCHWINDEN ALLE ÄNGSTE,
UND ALLES GUTE FÄLLT
MIR IN DIE HÄNDE.

Shantideva, Bodhicaryavatara, 8. Jh.

5. WOCHE

Vor dem Schlafengehen schwirren oft Gedanken wie Bienen in unserem Kopf herum, und wir können nicht zur Ruhe kommen. Was habe ich heute nicht erledigt? Warum habe ich schon wieder vergessen, das Auto beim TÜV anzumelden? Die Energie der Achtsamkeit kann uns dabei helfen, unseren zerstreuten Geist heimzubringen und innezuhalten. Durch achtsames Atmen können wir den Geist in den Körper zurückzuholen, uns sammeln und ihn im Hier und Jetzt verankern. Wir schalten vom Tun- auf den Sein-Modus um und kommen endlich zur Ruhe.

Shantideva, ein gelehrter und weiser Mönch aus dem 8. Jahrhundert, zeigte uns in seinem Werk »Bodhicaryavatara« den Weg zur Erleuchtung auf und verwies darin auf den heilenden Nutzen der Achtsamkeit. Seine Verse gehören heute zu den meistzitierten buddhistischen Lehrtexten. In der Lehre des Buddhismus geht es immer darum, den eigenen Geist durch Achtsamkeit und Meditation zu zähmen.

Achtsamkeit ist wahre Friedensarbeit, denn sie bewirkt langfristig einen heilsamen Geisteszustand. Und wie können wir unserem erschöpften Geist Frieden bringen? Indem wir ihn immer wieder heimbringen, loslassen und entspannen. So können wir uns vor dem Zubettgehen mit wohlwollendem Interesse selbst zuwenden. Wir können die Hand auf unseren Bauch legen, zwei Minuten lang aufmerksam unserem Ein- und Ausatmen folgen und der Atembewegung nachspüren. Indem wir unsere Achtsamkeit immer wieder auf den Atem lenken, stellt sich langfristig als positiver Nebeneffekt auch eine »innere Abrüstung« ein: Wir beruhigen unsere aufgewühlten Emotionen, unsere Ängste, unsere Aggressivität, indem wir unsere Gedanken kommen und gehen lassen, ohne in das endlose Gedankenspiel urteilend einzugreifen. Bist du zum Beispiel neidisch, weil der Chef heute deinen Kollegen und nicht dich gelobt hat? Hattest du panische Angst vor dem Hund, der dich beim Joggen angebellt hat? Warst du heute eifersüchtig, weil deine Freundin mit einem anderen Mann geflirtet hat? Wenn wir gegenüber unseren wilden und aufbrausenden Gefühlen eine offene und großzügige Haltung entwickeln, löst sich unsere Negativität ganz allein im offenen Raum des Gewahrseins auf. Auf einmal spüren wir tiefe Entspannung und Gelassenheit, und Selbstheilung geschieht ganz ohne Mühe und Anstrengung. Wir entwickeln Mitgefühl mit uns selbst und ein gutes Herz, das anderen Menschen morgen von Nutzen sein kann.

Übung

Entwickle Achtsamkeit für deine Geistesregungen. Kommen Gedanken oder Gefühle hoch, nimm sie aufmerksam wahr. Dann lasse sie los, so wie du einen Gegenstand aus deiner Hand auf den Boden fallen lassen würdest. Sobald du losgelassen hast, entspanne deinen Geist. Lächle und lasse natürliche Freude aufscheinen. Kehre zum Atem zurück, und verweile in strahlender Bewusstheit. Sobald ein neuer Gedanke auftaucht, beginne mit der Übung von Neuem.

WENN ICH

DIE GANZE ERDE MIT LEDER BEDECKEN WILL,
WOHER BEKOMME ICH SO VIEL DAVON?

WENN ICH ABER NUR
MEINE STIEFEL MIT LEDER BESOHLE,
IST ES, ALS WÜRDE ICH DAMIT
DIE GANZE ERDE BEDECKEN.

Shantideva, Bodhicaryavatara, 8. Jh.

6. WOCHE

Diese Zeilen von Shantideva unterscheiden Wissen von Weisheit. Was will er uns sagen? Ein Beispiel: Manchmal kocht eine gewaltige Wut in uns. Wir können nicht einschlafen, weil wir uns so über unseren Nachbarn geärgert haben, der uns aggressiv vorschreibt, wie und wo wir unser Auto parken sollen. Unser Herz rast, die Gedanken jagen sich, und wir wünschen ihm alles erdenklich Schlechte. Der Tag zieht an uns vorbei. Da fällt uns ein, dass uns heute auch noch unser bester Freund mit ungerechtfertigten Vorwürfen überhäuft hat. Unser Blutdruck steigt. Die ganze Welt erscheint als Feind, und die Flammen in unserem Inneren lodern immer höher. Merkst du, was passiert? Worauf du deine Gedanken fixierst, dort wird die Energie immer stärker. Was können wir in dieser Situation tun?

Shantideva erteilt uns einen weisen Rat. Er gibt zu bedenken, dass die feindseligen Wesen wie der Raum sind und es unmöglich ist, sie alle zu bezwingen. Wenn wir dagegen an unserem

eigenen Geisteszustand arbeiten und unsere Wut allein besiegen, dann ist es, als hätten wir alle »Feinde« geschlagen. Manchmal sind wir unserer Wut gegenüber ohnmächtig.
Wir wissen: Es ist nicht möglich, die äußeren Bedingungen oder die Menschen in meinem Umfeld zu ändern. Aber ich habe jederzeit die Macht, mich selbst zu ändern, indem ich meinen Geist bändige. Hier kann ich ansetzen.
Shantideva rät, seinen eigenen Geist mit der Disziplin der Achtsamkeit zu bändigen und zu schützen. Was immer wir tun, ohne Achtsamkeit gleiche unser Wissen und unsere Meditation dem Wasser in einer löchrigen Vase, und kein heilsamer Gedanke würde uns in Erinnerung bleiben. Shantideva beschwört uns daher geradezu, dass wir inmitten einer unruhigen Menge von negativen Menschen auf die Wunden unseres Geistes aufpassen sollen. Denn so wie Krähen gern in die Wunden eines verletzten Tieres hacken, so hacken feindselige Menschen gerne noch mehr auf uns herum, wenn wir ihnen unsere Schwächen, unsere Verletzlichkeit oder unsere Wut zeigen. Wenn ich wütende Gedanken hege und negative Gefühle habe, wer hat dann das Problem? Wir sollten unseren Geist stets liebevoll behüten, heilsame Gedanken kultivieren und uns nicht ablenken lassen oder von uns selbst entfernen.

Übung

Konzentriere dich auf deinen Atem und komme nach jeder Ablenkung liebevoll und sanft wieder zur Atembewegung zurück. Stell dir nun vor, du bist ein Felsen im Meer. Wenn Gefühle wie Wut oder Angst aufsteigen, visualisiere sie als tosende Wellen, die gegen den Felsen schlagen. Nimm die heftige Bewegung wahr und nimm wahr, wie sie dich aufwühlt und schwächt, je länger du daran festhältst. Indem du nach einiger Zeit vielleicht beobachtest, dass die aufschäumenden Wellen sich in ihrer Qualität ständig verändern, löst sich allmählich die Heftigkeit der aufwallenden negativen Gefühle. Je bewusster du die sich ständig verändernde und vergängliche Qualität der emotionalen Wellen siehst und gleichzeitig deren wahre Natur als Wasser wahrnimmst, umso mehr beruhigen sie sich. Atme ruhig und tief und verankere dich tief in der Erde. Du bist und bleibst der unerschütterliche Felsen, der sich durch nichts aus der Ruhe bringen lässt und konzentrierst dich immer wieder auf deinen Atem als deinen Anker.

WENN ER KOMMT,

HEISSEN WIR IHN WILLKOMMEN.

WENN ER GEHT,

VERFOLGEN WIR IHN NICHT.

Zen-Weisheit

7. WOCHE

Manchmal wollen wir einen Menschen nicht ziehen lassen, der sich von uns trennen will. Trennungsschmerz und Verlustangst drohen uns zu überwältigen. Es kann sein, dass unser Partner oder unsere Partnerin uns verlassen will und sich einer neuen Liebesbeziehung zuwenden möchte. Wir wollen das nicht wahrhaben. Wir klammern, verstricken uns in Machtkämpfe, wollen ihn oder sie kontrollieren und können das Unvermeidliche doch nicht verhindern. In Liebe loszulassen ist so schwer. Schon der berühmte persische Dichter Rumi hat die weise Lebenskunst des Annehmens und Loslassens in dem wunderschönen Gleichnis vom Gasthaus beschrieben. Darin vergleicht er unser menschliches Dasein mit einem Gasthaus, in das jeden Morgen ein neuer Gast einzieht, seien es Freude, Depression oder Achtsamkeit, die als unverhoffte Besucher kommen. Diese solle man alle zu sich einladen, begrüßen und bewirten. Denn alle seien zu unserer Führung aus einer anderen Welt geschickt worden.

Viele buddhistische Lehrerinnen und Lehrer greifen dieses Gleichnis von unserem Dasein als Gasthaus in Bezug auf unsere Beziehungen heute gerne auf. Menschen kommen in unser Leben und gehen wieder. Wir sind die Gastgeber in unserem Haus, in unserem Leben. Die Kunst ist es, die Menschen, die zu uns kommen, freundlich willkommen zu heißen, und diejenigen, die gehen wollen, nicht mit Vorwürfen zu überhäufen, sondern mit einem Segen zu verabschieden. Jeder Mensch, der in unser Leben tritt, ist letztendlich ein kostbares Geschenk für uns und für eine gewisse Zeit unser Lehrer.

Besonders der Buddhismus kennt viele Praxisübungen, um die Anhaftung an Dinge und Menschen loszulassen und eine offene, nicht besitzergreifende Haltung und Liebe zu entwickeln. Das gelingt nicht von einem auf den anderen Tag, und es braucht viel Zeit, Geduld und Übung dafür. Wie können wir die Türen für andere Menschen öffnen und gleichzeitig ihr Fortgehen mit Respekt und Achtung begleiten? Brenda Shoshanna, Zen-Lehrerin, Buchautorin und eine der führenden Beziehungstherapeutinnen in den USA sagt: »Jemanden willkommen zu heißen, wenn er kommt, ihn nicht zu verfolgen, wenn er geht, das ist eine Manifestation eines Lebens in Liebe.« Je mehr wir uns auf diese Lebensweise einlassen, desto mehr Freude und Erfüllung werden uns zuteil. Brenda Shoshanna leitet zu einer sehr inspirierenden Übung an, Menschen in ihr Leben kommen und gehen zu lassen.

Übung

»Wenn jemand in Ihr Leben tritt, praktizieren Sie, ihn kommen zu lassen. Heißen Sie diesen Menschen einfach willkommen, lassen Sie ihn so sein, wie er ist.

Wenn es für jemanden Zeit ist wegzugehen, praktizieren Sie, ihn gehen zu lassen. Machen Sie daraus keine Erfahrung von Verlust, Zurückweisung oder Im-Stich-Lassen. Seien Sie sich darüber im Klaren, dass es nichts mit Ihnen zu tun hat – es ist einfach Zeit für ihn zu gehen.«[2]

LASS LOS,
WAS VOR DIR IST,
LASS LOS, WAS SCHON VERGANGEN IST
UND LASS LOS VON DEM DAZWISCHEN.
MIT EINEM HERZEN,
DAS SICH NIRGENDWO FESTHÄLT,
KOMMST DU IN DEM RAUM
JENSEITS ALLEN LEIDENS AN.

Worte des Buddha

8. WOCHE

Wie können wir unseren Geist beruhigen und unseren Körper entspannen? Wenn wir nicht einschlafen können, liegt es meistens daran, dass alle möglichen Gedanken durch unseren Kopf schießen.

Uns fällt siedend heiß ein, dass wir gestern vergessen haben, einen wichtigen Brief an die Versicherung abzuschicken, oder wir fangen mitten in der Nacht an, eine Liste von den Aufgaben zu erstellen, die morgen unbedingt zu erledigen sind. Buddha, dem Erwachten, ist es gelungen, mit dem Herzen nirgends festzuhalten und im Bereich jenseits des Leidens anzukommen. Dieses Ziel wäre für uns Menschen sehr hochgesteckt. Aber wir können in einem ersten Schritt zumindest üben, den Geist von Gedanken an die Vergangenheit und die Zukunft zu lösen, indem wir die Achtsamkeit liebevoll auf unseren Körper lenken. Indem wir lernen, unseren Körper aufmerksam wahrzunehmen, können wir besser mit uns belastenden Gefühlen umgehen. So beruhigt sich unsere Gedankenflut allmählich, und wir erlösen unseren unruhigen Affengeist, der munter von einem Ideenast zum anderen springt.

Eine Körperreise wird uns helfen, zur Ruhe zu kommen, gut einzuschlafen und nach einem erholsamen Schlaf ausgeruht in den nächsten Tag zu starten.

Übung

Diese Körperreise kannst du bequem im Liegen üben. Versuche, dich zu entspannen und gönne dir vor dem Einschlafen mindestens zehn Minuten Zeit nur für dich. Achte darauf, dass deine Wirbelsäule gerade liegt und der Kopf nicht zu hoch gebettet ist. Vielleicht magst du dir vorstellen, dass du an einem Sandstrand liegst und das Meer rauschen hörst. Fühle jetzt, an welchen Stellen dein Körper die Unterlage berührt. Sage im Stillen zu dir: »Ich entspanne meinen linken Fuß. Mein linker Fuß ist warm und schwer.« Spüre nach, wie das Blut in deinem Fuß zu zirkulieren beginnt, spüre die wohlige Wärme und die Schwere, die dich nach unten zieht. Gib dich ganz dieser Vorstellung hin und lass dich immer tiefer in die Unterlage sinken. Jetzt wandert die Aufmerksamkeit in deine Zehen.

Sage zu dir: »Ich entspanne meine Zehen am linken Fuß. Meine Zehen sind warm und schwer.« Spüre die Wärme und Schwere intensiv in deinen Zehen. Nun fährst du mit deiner Körperreise fort und gehst so zum linken Unterschenkel, zum Oberschenkel, durchwanderst auf diese Weise auch das rechte Bein, dann die Hüfte, das Becken, den unteren Bauchbereich mit den Bauchorganen, den hinteren Rücken und die Vorderseite des Rumpfes. Wandere dann zu deinen Schultern, den Armen, Händen und Fingern, dann weiter zum Nacken, Hinterkopf, zur Stirn, dem Gesicht und Kiefer und löse letzte Spannungen im Kiefergelenk. Vergleiche, wie du jetzt auf der Unterlage aufliegst. Spürst du den Unterschied? Dein ganzer Körper ist jetzt vollständig entspannt und gelöst, und du genießt die wohlige Wärme.

JEDER

VON UNS HAT SEINE GANZ EIGENEN
MACKEN UND FEHLER,
ABER OFT SIND ES GERADE DIE MACKE
UND SPRÜNGE, DIE UNSER LEBEN
SO INTERESSANT UND
LOHNENSWERT MACHEN.
MAN SOLLTE JEDE
PERSON EINFACH SO NEHMEN,
WIE SIE IST UND DAS GUTE
AN IHR SEHEN.

Dorin Genpo Zenji

9. WOCHE

Es war einmal eine alte chinesische Frau, die zwei große Schüsseln besaß, mit denen sie Tag für Tag Wasser vom Fluss nach Hause transportierte. Damit sie die Last leichter tragen konnte, hatte sie die beiden Schüsseln an den Enden einer Stange befestigt, die sie über ihren Schultern trug. Eine Schüssel hatte einen Sprung, während die andere makellos war. Am Ende der langen Wanderung vom Fluss zum Haus der alten Frau war die erste Schüssel jedoch immer nur noch halb voll. Zwei Jahre lang geschah dies täglich: Die alte Frau brachte immer nur anderthalb Schüsseln Wasser mit nach Hause. Die makellose Schüssel war natürlich sehr stolz auf ihre Leistung, aber die arme Schüssel mit dem Sprung schämte sich wegen ihres Makels und war betrübt, dass sie nur die Hälfte dessen verrichten konnte, wofür sie einst gemacht worden war.

Nach zwei Jahren, die ihr wie ein endloses Versagen vorkamen, sprach die Schüssel zu der alten Frau: »Ich schäme mich so wegen meines Sprungs, aus dem den ganzen Weg zu deinem

Haus immer Wasser läuft.« Die alte Frau lächelte: »Ist dir noch nicht aufgefallen, dass auf deiner Seite des Weges Blumen blühen, aber auf der Seite der anderen Schüssel nicht? Ich habe auf deiner Seite des Pfades Blumensamen gesät, weil ich mir deines Fehlers bewusst war. Nun gießt du sie jeden Tag, wenn wir nach Hause laufen. Zwei Jahre lang konnte ich diese wunderschönen Blumen pflücken und den Tisch damit schmücken. Wenn du nicht genauso wärst, wie du bist, würde diese Schönheit nicht existieren und unser Haus beehren.«

Humorvoll erinnert Zen-Meister Dorin Genpo Zenji am Ende der Geschichte noch alle Freunde mit einem »Sprung in der Schüssel« daran, nicht zu vergessen, den Duft der Blumen auf ihrer Seite des Pfades zu genießen. Häufig sind wir gerade am Ende des Tages ärgerlich auf uns selbst, voller Selbstzweifel oder geplagt von Selbstvorwürfen, weil wir den Erwartungen der Umwelt wieder einmal nicht entsprochen haben. Doch wenn wir zu viel in den Abgrund schauen, schaut der Abgrund zurück. Wir sehen nur noch Versagen und Unvollkommenheit. Plötzlich entdecken wir kein gutes Haar mehr an uns, beginnen uns zu verurteilen und werden zu unseren strengsten Kritikern. Folgende Gedanken können helfen, unsere Blumen zu wässern.

Übung

Ändere die Blickrichtung. Versuche, deinem Selbst Mitgefühl entgegenzubringen. Überlege: Was habe ich heute gut gemacht? Wobei war ich jemandem nützlich? Hat mir meine beste Freundin nicht heute gesagt, dass sie sich mit mir gerade deshalb so wohl fühlt, weil ich so offen meine Schwächen zugeben kann? Versuche Wertschätzung für deine guten Seiten zu entwickeln und spreche dir ein bedingungsloses Lob aus. Lass alles Kritisieren, jede Bewertung und deinen maßlosen Perfektionsdrang ruhen. Entwickle Freundlichkeit dir selbst gegenüber. Nimm dich liebevoll und gütig all deiner Fehler und Unzulänglichkeiten an. Du bist auch mit einem »Makel« liebenswert! Vielleicht hilft dir die Vorstellung, dass wir Menschen alle in einem Boot sitzen und einander brauchen. Werde dir gewahr, dass wir alle gleich viel wert und miteinander verbunden sind. Feiere dein Leben! Entwickle Freude und sage zu dir selbst: Schön, dass ich geboren bin, schön, dass es mich gibt! Du musst absolut nichts tun, um geliebt zu werden. Alles ist gut!

ANGST

KANN SICH IN UNSEREM KÖRPER ANSAMMELN UND STRESS UND ANSPANNUNG VERURSACHEN. RUHE IST EINE DER VORAUSSETZUNGEN FÜR HEILUNG.

Thich Nhat Hanh

10. WOCHE

Der weltweit anerkannte vietnamesische Zen-Meister, Dichter und Friedensaktivist Thich Nhat Hanh hat eine wirksame Übung entwickelt, wie wir Angst und Stress mit Tiefenentspannung nachhaltig überwinden können. Wenn wir Menschen von solch heftigen Gefühlen und Spannungszuständen überwältigt werden, holen wir uns zur sofortigen Abhilfe Medikamente aus der Apotheke. Tiere, die verletzt sind, würden sich hinlegen und ausruhen. So können sie ganz natürlich heilen. Wir Menschen seien dagegen selten weise genug, um innezuhalten, und hätten verlernt, wie wir uns selbst helfen können.

»Hindern Angst und Furcht Sie abends am Einschlafen, kann Tiefenentspannung helfen«, sagt Thich Nhat Hanh. Auf diese Weise erhält unser Körper die Möglichkeit, sich auszuruhen, zu heilen und wieder zu Kräften zu kommen. Wir lernen, zu entspannen und unsere Aufmerksamkeit nach und nach auf alle Körperteile zu richten und allen Zellen Liebe und Fürsorge zu senden. Thich Nhat Hanh rät uns, den Körper mindestens einmal täglich zwanzig Minuten lang tief zu entspannen. Wir können diese Übung abends im Bett machen. Besonders, wenn wir nicht schlafen können oder zu Albträumen neigen, kann diese Übung sogar erholsamer sein als der Schlaf.

Übung

Lege dich auf den Rücken, die Arme neben dem Körper. Mache es dir bequem. Entspanne den Körper. Sei dir des Bodens unter dir bewusst und der Stellen, an denen er Kontakt zum Boden hat. Lass den Körper in den Boden sinken. (Atmen.)

Werde dir deines Atems bewusst. Spüre, wie du ein- und ausatmest, wie sich deine Bauchdecke beim Ein- und Ausatmen hebt und senkt. (Atmen.) Atme ein und richte dein Gewahrsein auf deine Augen. Atme aus und entspanne deine Augen. Lasse sie tiefer in die Höhlen sinken. … Entspanne all die winzigen Muskeln rund um die Augen. … Schenke deinen Augen Ruhe. … Sende ihnen Liebe und Dankbarkeit. … (Atmen.)

Sage dir im Stillen: »Einatmend bin ich mir meiner Augen bewusst. Ausatmend lächle ich meinen Augen zu.«

Verfahre weiter so mit Mund, Gesicht, Kiefer, Schultern, Armen mit Oberarmen, Ellbogen, Unterarmen, Handgelenken, Händen, Fingern, Herz, Beinen mit Oberschenkeln, Knien, Unterschenkeln, Knöcheln, Füßen und Zehen.

Atme ein, atme aus … Dein ganzer Körper ist leicht. … Du musst nirgends hingehen … nichts tun. … Du bist frei wie eine Wolke am Himmel. … (Atmen.)

Richte dein Gewahrsein nun wieder auf deinen Atem … Auf das Heben und Senken deiner Bauchdecke. (Atmen.)

Falls du unmittelbar vor dem Einschlafen übst, folge einfach weiter deinem Atem, während du weiter ein- und ausatmest.

(Tiefenentspannung nach Thich Nhat Hanh)[3]

MEDIZINISCHE ERKENNTNISSE BELEGEN, DASS EIN FRUSTRIERTER GEIST, ANGST, STRESS UND WUT UNSERER GESUNDHEIT SCHADEN.

S. H., der XVI. Dalai Lama

11. WOCHE

Die Gehirnforschung belegt es: Positive Gedanken und regelmäßige Meditation wirken sich positiv auf unsere Gesundheit aus und können sogar den Alterungsprozess verlangsamen. Dazu S. H. der XIV. Dalai Lama: »Hass und Wut fressen unser Immunsystem auf, positive Geisteshaltungen stärken dagegen unsere Gesundheit.« Medizinische Forschungen würden ebenfalls belegen, dass das Risiko für Herzkrankheiten in dem Maße deutlich steigt, je häufiger Personen das Wort »Ich« gebrauchen. Tatsache ist: Menschen mit einem weiteren Horizont, die an andere denken, erscheinen die eigenen Probleme geringer. Sie agieren wesentlich gelassener. Überspitzt können wir sagen, dass ein großes Ego uns krank macht, Mitgefühl und eine positive Geisteshaltung dagegen stabilisieren uns. Demnach sind wir selbst für unseren Geistesfrieden und für unsere Gesundheit verantwortlich.

Wie trainieren große Weisheitslehrer wie der Dalai Lama ihren Geist? »Jeden Morgen gebe ich mir das Versprechen, dass ich

heute eine positive Geisteshaltung kultiviere, egal, was passiert«, verrät der Friedensnobelpreisträger. Jeden Abend überprüft er vor dem Einschlafen, ob er sein Versprechen eingehalten hat.
So wie man täglich seinen Körper trainiert, so können wir auch unseren Geist trainieren und Mitgefühl entwickeln. Mitgefühlstraining beginnt in kleinen Schritten. Aus diesem Grund übt das spirituelle Oberhaupt der Tibeter sogar Mitgefühl mit seinen Feinden und vertritt konsequent eine Haltung der Gewaltlosigkeit. Der Dalai Lama sagt: »Wenn ich aufgrund der Probleme Hass auf die Chinesen entwickeln würde, würde ich meinen inneren Frieden zerstören.« Mitgefühl sei in dieser Hinsicht auch für uns selbst die viel klügere Strategie. Deshalb übt er bedingungsloses Mitgefühl mit seinen »Feinden«, indem er Person und Handlung trennt. Jeder Mensch ist für ihn grundsätzlich gut, während eine unethische Handlung dieser Person verurteilt werden kann. Bedingungsloses Mitgefühl hält er für eine sehr stabile Geisteshaltung, die uns körperlich und geistig nachhaltig stärkt.

Übung

Denke vor dem Einschlafen heilsame und liebevolle Gedanken. Denke an all die Menschen, die du liebst. Schicke gute Gedanken an diejenigen, die alt und krank sind oder vom Krieg verfolgt leben und Hunger leiden. Kultiviere eine Haltung der Zufriedenheit, schließe Frieden mit dir selbst und anderen. Halte eine kurze Rückschau auf den Tag. Richte deinen Blick bewusst auf die Dinge, die heute gut gelaufen sind. Hat dich ein lieber Freund angerufen? Hat dein Kind dich nach der Schule spontan umarmt? Es ist deine Entscheidung, ob du das Glas halb leer oder halb voll siehst. Deine Einstellung beeinflusst deine Geisteshaltung. Sie kreiert auf Dauer die Realität, in der du lebst. Bist du unglücklich, entwickle Dankbarkeit, dass du gesund bist und zu essen hast. Wenn du krank bist, sei gütig zu dir selbst, strenge dich nicht unnötig an und entwickle innere Nachsicht. Wenn du an die Zukunft denkst, sage dir, dass sie gut sein wird. Wenn du in die Vergangenheit zurückblickst, bedaure nichts. Verzeih dir und anderen Menschen in deinem Umfeld und mache es lieber das nächste Mal besser. Wir sind nicht vollkommen. Fehler sind eine Lernaufgabe, an der wir wachsen.

DER SPIRITUELLE PFAD

IST EIN WEG DER LÄUTERUNG,
EIN BEMÜHEN UM DIE REINHEIT
DES HERZENS.

Ayya Khema

12. WOCHE

Ärger ist schädlich. Ärgern wir uns nach Jahren immer noch über die Freundin, die uns den Mann weggeschnappt hat? Über die Prüfung, die wir nicht bestanden haben? Der Buddha hat Ärger mit einer Gallenkrankheit verglichen, und auch im Westen sagen wir, wenn wir uns ärgern: »Mir kommt die Galle hoch.« In einem anderen Vergleich hat der Buddha gesagt, dass Ärger so sei, als ob wir glühende Kohlen mit der bloßen Hand aufheben und versuchen würden, sie auf jemanden zu werfen. Doch die Frage ist: Wer verbrennt sich zuerst? Dank ihrer tiefen Lebensweisheit lehrt uns die berühmte buddhistische Nonne Ayya Khema, schwierige Emotionen wie Ärger auf dem spirituellen Pfad durch Mitgefühl zu ersetzen. Ihrer Ansicht nach beschmutzen oder läutern wir durch unsere Ausstrahlung unsere Umwelt. Unsere Ausstrahlung spiegelt unser Bewusstsein, und unser Bewusstsein regiert die Welt. Daher ist es so wichtig, dass wir an uns selbst arbeiten. Aber wie können wir unsere Aggressionen überwinden? »Erkennen, nicht tadeln, ändern«, rät uns Ayya Khema als buddhistische Praxis für den Alltag, die jedoch viel Übung braucht. Denn Ärger durch Mitgefühl zu ersetzen ist nicht leicht. Es kann für uns hilfreich sein, uns in Erinnerung zu rufen, dass der Mensch, über den wir uns aufregen, genauso viele Schwierigkeiten hat wie wir. Ebenso wie wir sucht er erfolglos nach permanentem Glück und dauerhaftem Frieden. Wenn wir uns zudem vergegenwärtigen, dass wir trotz lebenslangen Bemühens am Ende doch alle sterben müssen, ist Mitgefühl die einzig vernünftige Reaktion. Gerade durch Meditation und das Benennen der Gedanken lernen wir deren Umwandlung. Abschweifende Gedanken werden immer wieder durch die Achtsamkeit auf das Meditationsobjekt ersetzt. Erst durch die Arbeit mit dem Negativen machen wir uns auf den Weg der Läuterung. Mitgefühl aus Vernunft ist für Ayya Khema daher immer eine weise Entscheidung. »Damit sollten wir uns tagtäglich von morgens bis abends beschäftigen.« Aus diesem Grund sollten wir gegenüber Menschen, über die wir uns ärgern, auch keine Rachegedanken hegen und nicht voreilig unseren Emotionen und Impulsen folgen. Ayya Khema sagt: »Denn das Schlechte, das wir in diesem Leben tun, kommt auf uns selbst wie ein Bumerang zurück.« Das Ursache-Wirkung-Gesetz von Karma, wonach du erntest, was du säst, ist ein Naturgesetz.

Übung

Wir alle empfinden von Zeit zu Zeit Ärger über eine Person. Wenn du erkennst, dass du diese Person und deine Gefühle negativ bewertest und beurteilst, dann beginne damit, Unheilsames durch Heilsames zu ersetzen. Dieses Ersetzen erlernst du in der Meditation, indem du negative Gedanken durch die Achtsamkeit auf den Atem ersetzt. Das Motto lautet: Erkennen, nicht tadeln, ändern! Wenn du zu sehr abgelenkt bist und eine Stütze benötigst, kannst du deine Atemzüge auch zählen. Konzentriere dich auf deinen Atem, zähle den Ausatem von eins bis zehn und beginne beim Einatmen mit dem Zählen wieder von vorne. Erkenne die unheilsamen Gedanken, die kommen und gehen, schaue sie an, es sind einfach nur »Gedanken«, ganz wertfrei. Lass sie ziehen, verurteile dich nicht und kehre immer wieder mit liebevoller Haltung zu dir selbst und zu deinem Atem zurück. Übe auch im täglichen Leben immer wieder Unheilsames durch Heilsames zu ersetzen im Bewusstsein, dass Ärger und Wut weder dir selbst noch einer anderen Person guttun.

DIE ANGST

VOR DEM TOD HAT MICH
IN DIE EINSAMKEIT DER BERGE
GETRIEBEN. WIEDER UND WIEDER
HABE ICH ÜBER DIE UNGEWISSHEIT
DER TODESSTUNDE MEDITIERT
UND SO DIE FESTUNG DER
UNSTERBLICHEN, UNENDLICHEN
NATUR DES GEISTES EROBERT. JETZT
IST ES MIT ALLER ANGST VOR
DEM TOD AUS UND VORBEI.

Milarepa

13. WOCHE

Wie beim Sterben müssen wir uns in der Einschlafphase einem Wandlungsprozess hingeben und die Kontrolle aufgeben. Arthur Schopenhauer nannte den Schlaf den »kleinen Bruder des Todes«. Der buddhistische Weisheitslehrer Milarepa (1040–1123) hat sich seiner Angst vor dem Tod gestellt. Er war ein berühmter Yogi und gilt als größter Dichter Tibets. In seinem Vers ermutigt er dazu, über unsere Vergänglichkeit zu meditieren. Das Einzige, was in unserem Leben gewiss ist, ist unsere Todesstunde. Doch erst, wenn wir uns mit unserer Todesangst konfrontieren, entdecken wir die Natur des Geistes, etwas, das durch nichts zerstört oder verändert werden kann. Plötzlich erleben wir eine neue Freiheit, eine grenzenlose Weite, einen tiefen Frieden und ein Vertrauen in unsere unsterbliche Natur. Doch jeder von uns muss sich selbst auf diesen spirituellen Pfad begeben, um am Ende eine innere Heilung zu erfahren.

Wenn wir uns vor dem Schlaf fürchten, können wir zunächst untersuchen, woher die Angst kommt. Am Ende werden wir immer herausfinden, dass es unsere Angst vor dem Tod, vor der Vernichtung ist. Vielleicht wollen wir uns diesem Dunkel nicht überlassen. Wenn wir jedoch tief schauen, werden wir beruhigt entdecken, dass es im Kreislauf der Natur das Nichts oder völlige Auflösung nicht gibt. Jede Blume welkt, wird zu Erde und bringt wieder neue Pflanzen hervor. Auch unsere Energie bleibt über unseren Tod hinaus in verwandelter Form erhalten. Angst vor dem Tod zu haben heißt aber vor allem, dass wir die Gesetze der Natur nicht akzeptieren. Die höchste Lebenskunst ist es daher, das Leben so anzunehmen, wie es ist. Dann können wir auch mit unseren Ängsten und Begierden anders umgehen. In dem Moment, wo wir keine Wünsche und kein Verlangen mehr haben, sind wir zufrieden. Je mehr Wünsche wir haben, desto frustrierter sind wir.

Übung

Stelle dir vor, du bist ein Berg. Lenke deine Aufmerksamkeit ganz sanft auf deinen Atem. Atme ein, atme aus. Überlasse dich voller Vertrauen dem Atemrhythmus. Stelle dir nun vor, wie deine Gedanken in Form von Wolken an dir vorbeiziehen. Schaue deine Gedankenwolken ohne Werturteil an, registriere sie und lasse sie weiterziehen. Greife nicht danach, aber schiebe sie auch nicht weg. Konzentriere dich wieder auf den Atem, bis die nächste Gedankenwolke heranzieht und fahre so fort. Wenn du diese Bergmeditation länger praktizierst, dann wirst du auch in deinem Alltag feststellen, dass du allmählich ruhiger, stabiler und entspannter wirst. Möglicherweise nimmst du nach sehr langer Übungszeit wahr, wie deine Gedankenwolken im weiten Himmelsraum endlos neu entstehen und sich auflösen, so wie alle Erscheinungen unaufhörlich entstehen und wieder vergehen. Mit der Zeit lernst du, dich dem Nachtschlaf sowie dem Lebensfluss vollständig anzuvertrauen.

WENN UNSER GEIST

FRIEDVOLL UND OHNE SPANNUNG IST,
DANN ENTSPANNT SICH
AUCH UNSER KÖRPER.

Ringu Tulku Rinpoche

14. WOCHE

Ein gütiger und friedvoller Geist ist die Quelle für Heilung. Buddhismus ist für Ringu Tulku Rinpoche eine andauernde Übung, wie wir an uns und unserem Geist arbeiten können, um Frieden und Ausgeglichenheit zu erlangen. Eine Methode für innere Heilung, die uns den Weg weist, wie wir an unseren Problemen arbeiten können, die die Ursachen von Schmerzen, Ängsten und negativen Tendenzen sind. Da Körper und Geist voneinander abhängig sind, wirkt es sich natürlich auch positiv auf unseren Gesundheitszustand aus, wenn wir an unserem Geist arbeiten. Deshalb beschäftigen sich die meisten Unterweisungen im Buddhismus mit unseren negativen und verwirrten Gemütszuständen. Auf diese Weise lernen wir, wie wir positive Gefühle von Frieden, Heiterkeit und Freiheit in uns erzeugen können. Aus buddhistischer Sicht bedeutet das Harmonie und Balance. Ringu Tulku sagt: »Je friedvoller ein Geist ist, desto freudvoller ist er. Und je mehr Freude da ist, desto gütiger erscheint er.« Wenn wir unsere Haltung ändern, wandeln sich also auch unsere alltäglichen Erfahrungen. Durch Meditation können wir unsere festsitzenden Gewohnheiten transformieren, und wir entdecken, dass wir im Grunde unseres Seins gut sind.

Der Buddha hat ein sehr eindrucksvolles Beispiel gegeben, das die Natur unseres Geistes aufzeigt. Wenn man schmutziges Wasser in einem Gefäß einige Stunden stehen lässt, setzt sich der Schlamm unten ab, und das Wasser darüber erscheint sauber und rein. So ist auch unser Geist von Natur aus rein, wenn wir ihn nicht durch unsere negative Sichtweise verstören und aufwühlen. Entspannt und zur Ruhe gekommen durch Meditation entdecken wir unsere wahre Natur: friedvoll, klar, bewusst, freudig, voller Verstehen und Güte. Wenn unser Geist ohne Spannung und Konflikte ist, dann entspannt sich auch unser Körper und kommt in die Balance. Die Spannung kommt vom Denken an vergangene Erlebnisse und Ängsten vor Zukünftigem. Wenn wir wie in der Meditation jedoch im gegenwärtigen Moment entspannen, im Jetzt bleiben, sind wir bewusster, leistungsfähiger, präsenter, freudvoller und gütiger. Buddhistische Geistesschulung trägt also grundlegend zu unserer körperlichen und geistigen Gesundheit bei.

Übung

Nimm eine bequeme Körperhaltung ein. Wenn Gedanken da sind, lass sie kommen und gehen. Wenn Gefühle da sind, lass sie kommen und gehen. Kämpfe nicht gegen deine Gefühle an. Bleibe wach, offen und gewahr. Erlaube den Geschehnissen der Vergangenheit und den Aufregungen der Zukunft nicht, deinen Geist aufzuwühlen. Verweile im gegenwärtigen Zustand. Lass den Geist entspannen und fühle die Präsenz, das Jetzt. Fühle deinen Atem, wie er kommt und geht. Das Jetzt ist nicht statisch. Es ist fließend. Lass alles im gegenwärtigen Moment und erfreue dich am Augenblick. So bringst du deinen Geist tatsächlich nach Hause.

HEILUNG
IST DAS BEWUSSTSEIN
FÜR FRIEDEN.
Tulku Thondup Rinpoche

15. WOCHE

Für viele tibetische Weisheitslehrer ist der eigene Geist eine Quelle der Heilung. »Der Friede ist die treibende Kraft, die den Geist beruhigen und dadurch den Körper heilen kann«, sagt Tulku Thondup Rinpoche. Der in Osttibet geborene Mönch reist regelmäßig durch die USA und Europa und hält Vorträge. Wie viele andere bekannte Meditationslehrer leitet er Heilmeditationen, die die Einheit von Körper und Geist wiederherstellen sollen. Tulku Thondup Rinpoche hat eine besondere Heilmeditation unter dem Namen »Heilsame Hitze« entwickelt, die wir in stark gekürzter und abgewandelter Form als Einschlafhilfe vorstellen wollen. Im Kern geht es darum, uns selbst und anderen Wärme und Mitgefühl entgegenzubringen. »Wenn es uns nicht gut geht, haben wir oft das Gefühl, kalt, traurig und krank zu sein«, erklärt der Tibeter. Die glückselig machende Hitze oder Wärme ist seiner Ansicht nach »die« Kraftquelle, die hilft, emotionale und körperliche Leiden aller Art aufzulösen.

Übung

Entspanne dich im Liegen. Empfinde Körper und Geist als eine Einheit und lasse ein Gefühl von Frieden in allen deinen Körperteilen aufsteigen. Stelle dir nun vor, wie sich deine negativen Emotionen in einer schwarzen Wolke sammeln, die beim Ausatmen den Körper verlässt und sich in nichts auflöst. Fühle nun, dass jedes Körperteil, jedes Organ und jeder Muskel aus einer Milliarde von Zellen besteht, die alle mit deinem Geist verbunden sind. Lass die unendlich vielen Zellen jetzt voller Licht in den Farben des Regenbogens vor deinem inneren Auge erstrahlen. Nun kannst du Stress und Anspannung ohne jede Anstrengung einfach loslassen.

Begib dich nun auf deiner inneren Reise direkt in jede einzelne Zelle hinein. Geh einfach hinein wie in ein Zimmer. Dein Körper ist wie ein Hotel, in dem dein Geist wie ein Gast lebt. Fliege in einer Zelle wie in einem Universum umher und fülle sie mit Licht.

Dein ganzer Körper ist nun ein Lichtkörper voller Energie. Jede einzelne Zelle atmet Energie ein und aus. Jede Zelle erfährt beim Ein atmen Liebe und Achtung, beim Ausatmen gibt sie diese Geschenke weiter. Spüre jetzt, wie

15

sich jede einzelne Zelle mit Wärme anfüllt, mit Freude und Glückseligkeit. Fühle nun, dass von jeder deiner Zellen Strahlen und Heilenergie ausgehen. Schicke die glückselig machende Wärme nun einem Freund oder Familienmitglied, danach allen Menschen. Dein Körper strahlt jetzt grenzenlos, ohne jede Spur von Dunkelheit oder Traurigkeit. Er leuchtet in einem Gewahrsein von Frieden und Freude.

MEDITATION

VERLANGT,
NICHT WEGZULAUFEN,
SONDERN HINZUSCHAUEN.

Marie Mannschatz

16. WOCHE

Es gibt Nächte, in denen wir wach liegen und vor Schmerzen nicht einschlafen können. Normalerweise laufen wir vor ihnen davon oder betäuben sie mit Tabletten. Wir könnten uns aber auch jetzt die Zeit nehmen, uns den körperlichen Schmerzen zu stellen und eine neue Erfahrung zu wagen. Wir könnten fragen: Wonach schreit mein Schmerz? Was braucht er? Lausche deinem Körper in aller Ruhe. Das Abenteuer lohnt sich. Beim Überlegen wirst du feststellen, dass der Körper dein bester Freund ist. Er sagt für dich »Nein!« und setzt dort Grenzen, wo du es nicht tust. Nimm dir die Zeit nachzuforschen. Wo tut es weh? Spürst du Herzrasen oder Atemnot? Vielleicht nimmst du chronische Schmerzen schon seit Jahren hin und änderst nichts an deinem Lebensstil. Will dir dein Körper vielleicht mitteilen, dass du während der Arbeit öfter eine Pause einlegen und dir vielleicht mehr Bewegung und Massagen gönnen solltest?

Für die Meditationslehrerin Marie Mannschatz bestimmt die innere Einstellung die Intensität des Schmerzes. Die Erfahrung zeigt: Je mehr Widerstand wir entwickeln und festhalten, desto größer wird das Leid. Krankheit entsteht meist dort, wo wir blockieren. Erforschen wir den akuten Schmerz meditativ, können wir feststellen, dass er sich andauernd verwandelt, in Wellen kommt und geht. Wird der Fluss des Schmerzes durch unsere Kontrollversuche jedoch behindert, kommt es zu einer Erhöhung des Drucks, der in der Folge noch mehr Schmerz auslöst. Ein Teufelskreis kommt in Gang. Wenn wir dem Schmerz dagegen mutig begegnen und eine Haltung der Akzeptanz einnehmen, löst er sich auf, und wir kommen wieder ins Gleichgewicht. Die Stärke des Schmerzes nimmt ab, Blockaden lösen sich, und wir bringen oftmals einen lang ersehnten Heilungsprozess in Gang.

Übung

Schließe die Augen und spüre tief in deinen Körper hinein. Richte die Aufmerksamkeit auf den schmerzhaften Bereich in deinem Körper. Welche Farbe hat er, welche Form? Fühlt er sich rund oder eckig an, weich oder hart? Spürst du Hitze, Kälte, Pulsieren, Stechen oder Verkrampfung? Ändert sich der Schmerz, wenn du deine Aufmerksamkeit dorthin richtest? Kannst du den Schmerz zulassen und akzeptieren, oder wehrst du dich dagegen? Nimm wahr, ohne zu beurteilen. Schenke dir Anerkennung für dein Bemühen, dich dem Schmerz mit reiner Achtsamkeit zu öffnen. Sende deinen Atem in Richtung Schmerz und begrüße ihn. Freunde dich mit ihm an. Frage ihn: Lieber Schmerz, was möchtest du mir sagen? Wohin willst du mich führen? Dann höre aufmerksam zu. Wie verändert sich die Qualität des Schmerzes, wenn es dir gelingt, ihn nicht abzuwehren, sondern ihn entspannt und voller Mitgefühl zu akzeptieren und anzunehmen? Spürst du einen Unterschied zu deiner vorherigen ablehnenden Haltung? Wie fühlt sich dein Körper jetzt an?

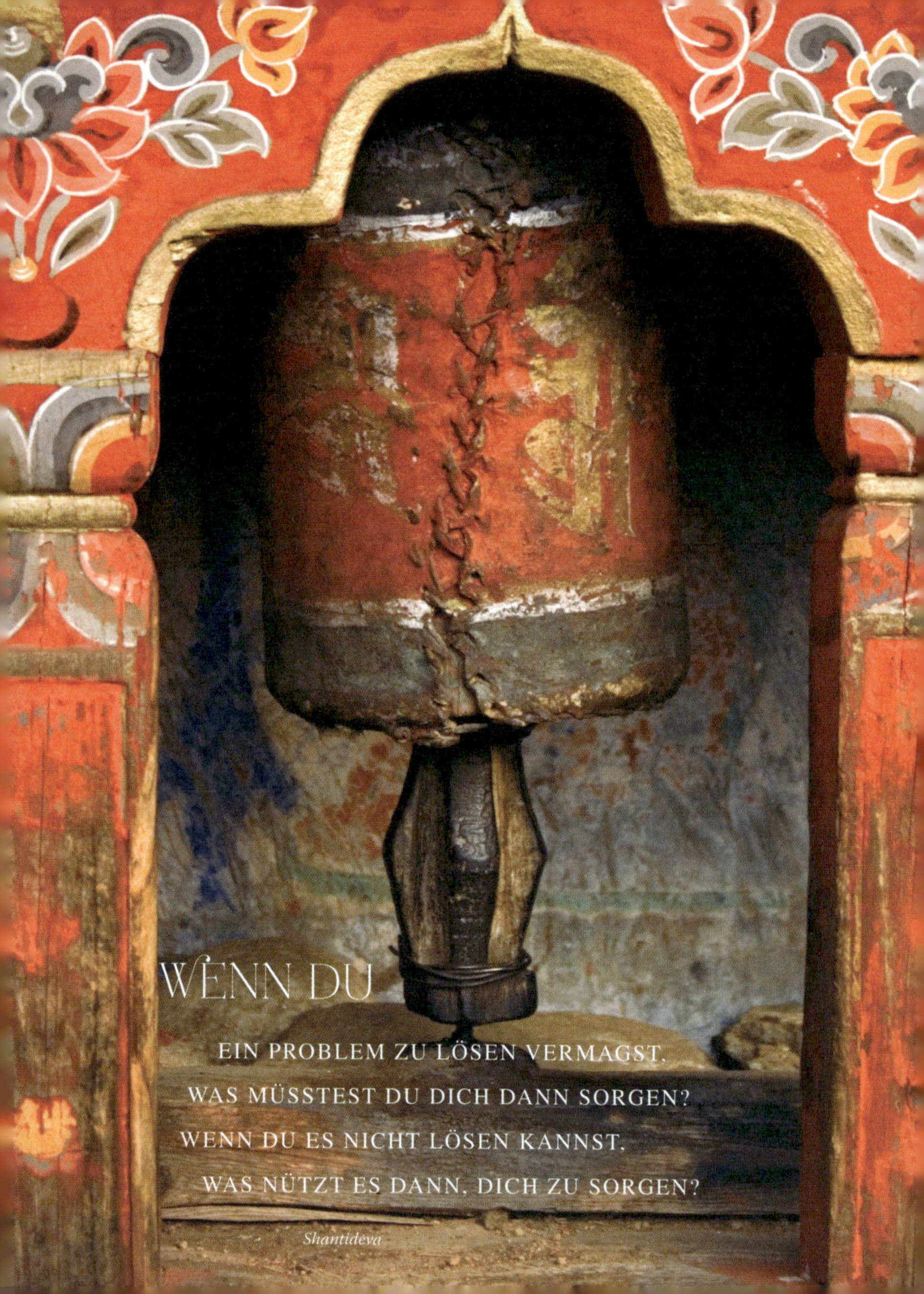

WENN DU

EIN PROBLEM ZU LÖSEN VERMAGST,
WAS MÜSSTEST DU DICH DANN SORGEN?
WENN DU ES NICHT LÖSEN KANNST,
WAS NÜTZT ES DANN, DICH ZU SORGEN?

Shantideva

17. WOCHE

Dieser Vers des Gelehrten Shantideva spiegelt nach Aussage des Dalai Lama sein persönliches Lebensmotto: »Trotz vieler Schwierigkeiten in meinem Leben bleibe ich innerlich stets ausgeglichen.« Auch seine stabile Gesundheit führt er auf diese innere Balance zurück. Seiner Überzeugung nach wirken sich positive Emotionen auch positiv auf unsere Gesundheit aus, während negative Emotionen unser Immunsystem »auffressen«. Dank der buddhistischen Geistesschulung ist er in der Lage, negative in positive Gedanken zu transformieren. Aber wie macht er das eigentlich konkret? »Wenn ich ein Problem nicht lösen kann, dann versuche ich, es zu akzeptieren«, lautet seine Antwort.

Ein Beispiel aus seinem Leben: Mit 24 Jahren musste er sein Heimatland Tibet verlassen. Seither lebt er als Flüchtling im Exil und hat viele Gräueltaten, Morde und Folterungen an seinen Landsleuten miterlebt. Immer wieder vergegenwärtigt er sich jedoch ganz rational die Vorteile des Exils. So hat ihm die Flüchtlingstragödie ermöglicht, viele Nationen, viele Wissenschaftler und Gelehrte kennenzulernen und mit ihnen in einen Dialog zu treten. Auch Tibet hat sich aus seiner Sicht durch diese Tragik weiterentwickelt. Tibet war in der Vergangenheit zu stark isoliert und musste sich der Welt öffnen. Durch diese positive Geisteshaltung ist es S. H. dem Dalai Lama trotz immenser äußerer Probleme immer wieder möglich, seinen inneren Frieden zu bewahren. Oft fragen ihn die Menschen nach seinem Geheimnis, warum er so jung aussehe. Dann antwortet er regelmäßig, dass er sein jugendliches Aussehen seiner friedfertigen Geisteshaltung verdanke. Halb scherzhaft rät er den Damen immer wieder, doch nicht so viel Geld für Make-up auszugeben. »Verwenden Sie Ihre Aufmerksamkeit doch lieber für die innere Schönheit!«

Übung

Wenn dich ein Problem vor dem Einschlafen quält, überlege sorgfältig, ob du es jetzt wirklich lösen kannst. Falls ja, konzentriere dich nicht auf das Problem, sondern auf die Lösung. Nimm einen Zettel, und notiere dir in kurzen Stichpunkten, was du morgen unternehmen möchtest, um die Schwierigkeit zu beseitigen. Dann versuche zu schlafen, denn heute kannst du nichts Sinnvolles mehr unternehmen. Wenn du dein Problem jedoch nicht lösen kannst, macht es keinen Sinn, sich Sorgen zu machen. Um wie viel besser ist es dann doch, dein Problem zu akzeptieren. Hast du schon einmal versucht, die positive Seite zu sehen? Was dir heute noch als Konflikt erscheint, könnte morgen schon dein Glück sein. Vielleicht hast du deinen Job verloren, unter dem du schon so viele Jahre gelitten hast. Wäre es nicht möglich, dass aus diesem Verlust vielleicht schon in ein paar Wochen eine Chance erwächst und du eine Stelle angeboten bekommst, die du dir schon immer erträumt hast? Versuche Hingabe und Vertrauen zu entwickeln, dass alles gut wird. Du ziehst das an, worauf du dich konzentrierst. Viele Dinge im Leben ergeben oft erst im Nachhinein einen Sinn. Lass die Puzzlesteine in deinem Leben alle auf den richtigen Platz fallen und dann: lass los.

DURCH KUMMER

UND KLAGEN WIRD NICHTS ERREICHT.
DER WEISE, DER DIE HEILUNG KENNT,
WIRD NICHT ERSCHÜTTERT,
UND SEIN GESICHT BLEIBT UNVERÄNDERT.

Worte des Buddha

18. WOCHE

Kurz nachdem ein uns nahestehender Mensch verstorben ist, sind wir von tiefer Trauer erfüllt. Wir betrauern den Verlust unserer Mutter oder unseres Vaters, eines Kindes oder Freundes. »Warum passiert das gerade mir?«, fragen wir uns verzweifelt. Wir hadern mit unserem Schicksal und haben das Gefühl, dass wir die Einzigen sind, die so eine Erfahrung machen müssen.

Es gibt dazu eine wunderschöne Geschichte aus der Zeit des Buddha: Einst lebte eine junge Frau namens Gotami. Ihr einziges Kind starb, als es ein Jahr alt war. Von Trauer überwältigt, den kleinen Körper fest umklammernd, irrte sie durch die Straßen und flehte jeden um Hilfe an. Alle Menschen, die sie auf der Straße traf, fragte sie: »Wisst ihr eine Medizin, die meinem Kind das Leben wiedergeben kann?« Einige ignorierten sie, andere lachten sie aus, wieder andere hielten sie für verrückt geworden. Schließlich traf sie einen alten, weisen Mann, der ihr den Rat gab, sie solle zum Buddha gehen. Das sei der einzige Mensch, der ihr vielleicht helfen könne. Also ging sie zum Buddha, legte ihm den Körper ihres Kindes zu Füßen und erzählte ihm ihre Geschichte. Der Buddha hörte sie mit unendlichem Mitgefühl an und sagte sanft zu ihr: »Es gibt nur ein Mittel gegen dein Leiden. Geh hinunter in die Stadt, und bring mir ein Senfkorn mit, aus einem Haus, in dem noch nie jemand gestorben ist.« Dabei muss man wissen, dass es im alten Indien in jedem Haus genug Senfkörner gab.

Gotami klopfte an jedem Haus an, aber niemand konnte ihr ein Senfkorn geben, denn in jedem Haus gab es jemanden, der gestorben war. Da erkannte sie, dass sie mit ihrem Leid nicht allein war. Also brachte sie den Körper ihres Kindes zum Verbrennungsplatz, nahm auf diese Weise endlich Abschied von ihrem Kind und kehrte zum Buddha zurück. Der Buddha begann sie zu unterrichten: »Wenn du die Wahrheit von Leben und Tod verstehen willst, musst du ohne Unterlass über Folgendes nachdenken: Alle Dinge wandeln sich, und nichts ist dauerhaft. Alles ist vergänglich und unbeständig.« Gotami hatte ihre Lektion verstanden.

Wenn wir diese Geschichte lesen, wird uns wieder bewusst, dass wir nur Reisende sind, die nur kurze Zeit in dieser Welt leben. Niemand von uns kann das Rad von Alter, Krankheit und Tod aufhalten. Niemand kann die Uhr zurückdrehen und bewirken, dass das Vergängliche nicht mehr vergeht. Wir alle müssen sterben. Deswegen macht es keinen Sinn zu klagen.

Übung

Vergegenwärtige dir, dass der Tod das Einzige im Leben aller Sterblichen ist, was gewiss ist. So ist die Welt, und die Vergänglichkeit ist ihr Los. Deswegen klagen weise Menschen aus Sicht des Buddha niemals, weil sie die Natur der Welt und der Dinge verstanden haben. Erinnere dich an die vielen positiven Situationen, die du mit dem Verstorbenen erlebt hast und die dich mit ihm verbinden. Freue dich, dass du diesen Menschen so lange miterleben durftest. Versuche sein Leben wie ein gutes Konzert in Erinnerung zu behalten, das in deinem Herzen wie eine schöne Melodie erklingt. Dein Klagen und dein Weinen sind dagegen sinnlos und schaden nur dir selber. Wenn du klagst, versinkst du immer tiefer im Leiden, wirst krank und schwach und hilfst noch nicht einmal den Toten.Versuche, deinen inneren Frieden sogar in einer schmerzlichen Situation zu bewahren. Sinne tief darüber nach, dass die Natur der Welt in der Trennung liegt. Höre auf den Rat des Buddha und der Weisheitslehrer: Überwinde deine Trauer. Wenn du dein eigenes Glück suchst, dann löse dich vom Jammern, von Sehnsucht und Trauer, und finde deinen inneren Frieden. Nur wer allen Kummer abgelegt hat, befindet sich auf dem Weg zur Befreiung und Erleuchtung.[4]

WIE EINE

MUTTER IHREN EIGENEN
SOHN, IHR EINZIG KIND
IHREM LEBEN SCHÜTZT
SO MÖGE MAN ZU ALLE
LEBEWESEN ENTFALTEN
OHNE SCHRANKEN SEINE
GEIST.

Worte des Buddha

19. WOCHE

Wenn wir glauben, dass wir unsere Liebesfähigkeit aufgrund einer Enttäuschung verloren haben, gibt es eine Methode, sie wieder in uns zu entfachen. Das Metta-Sutta ist einer der bekanntesten buddhistischen Texte, der uns zeigt, wie wir Liebe und Güte in unserem Herzen wachsen lassen können. In den buddhistischen Ländern des Ostens wird es als Heilung bringendes Schutzgebet von den Mönchen bei bestimmten Gelegenheiten rezitiert. So soll auch der Buddha dieses Sutta ursprünglich zum Zweck des Schutzes gesprochen haben.

Als sich mehrere Mönche in einem Wald zur Meditation niedergelassen hatten und dort von den Baumgeistern gestört wurden, gab ihnen der Buddha das Metta-Sutta als Schutz. Jene Geister wurden durch die Kraft der Güte von Störern zu Helfern. Ein Vers im Metta-Sutta handelt davon, wie wir Liebe und Mitgefühl gegenüber allen Menschen entwickeln können. Erinnern wir uns doch einmal an unsere Mutter, wie sie uns bei der Geburt liebevoll in die Arme genommen hat, wie sie uns genährt und gestillt, uns umsorgt hat mit ihrer Hingabe und innigen Liebe. Als Babys waren wir völlig hilflos und abhängig von der beschützenden und liebevollen Haltung unserer Mutter, die unser Überleben notfalls auch mit dem eigenen Leben gesichert hätte. Erinnern wir uns doch: Wie viele Nächte hat sie gewacht, um uns zu trösten und in den Schlaf zu wiegen? Im Buddhismus gibt es die Vorstellung, dass alle Wesen schon einmal unsere Mütter waren und wir ihnen schon aus diesem Grund stets Liebe und Mitgefühl entgegenbringen sollten. Und wer heute dein Feind ist, kann demnach in einem früheren Leben schon einmal deine Mutter gewesen sein und ist im nächsten Leben vielleicht dein Kind. Selbst unsere schlimmsten Feinde verdienen also unser bedingungsloses Mitgefühl und unseren Respekt. Diese Beispiele sollen demonstrieren, wie wir aus einer größeren Perspektive gesehen, alle voneinander abhängig sind. Wenn alle Menschen die unermesslichen Geisteshaltungen von Liebe, Mitgefühl, Mitfreude und Gleichmut üben würden, dann hätten wir Frieden auf der Erde. Aber diesen Frieden müssen wir zunächst im eigenen Geist entwickeln. Haben wir Schwierigkeiten mit einem Mitmenschen, dann kann uns vielleicht auch die Vorstellung helfen, dass wir alle ohne Unterschied gleich sind in unserem Wunsch nach Glück und am Ende alle sterben müssen. Wenn wir in diesem Wissen unser Herz der Liebenden Güte für alle Wesen öffnen, entströmt die Liebe ganz natürlich. So sagt der Buddha Maitraya in seinen Unterweisungen zu seinem Schüler Asanga: »Die Wasser des Mitgefühls strömen durch den Kanal der Liebenden Güte.«

Übung

Versuche, dich an einen Moment zu erinnern, in dem ein nahestehender Mensch dir seine innige Liebe geschenkt hat und als du diese Liebe ganz tief in deinem Inneren empfunden hast. Öffne dein Herz völlig für diese Liebe. Spüre, wie die herzöffnende Energie deinen Körper durchströmt und wie jede deiner Zellen mit Wärme und Licht durchflutet wird. Entwickle tiefe Dankbarkeit und lasse die Liebe wieder zu diesem Menschen zurückfließen. Jetzt dehne diese Liebe langsam auf alle Wesen aus: Beginne damit, deinen Freunden, dann deinen Nachbarn, den Arbeitskollegen und fremden Menschen gegenüber Liebe und Wärme zu verströmen. Zuletzt sende sie deinen »Feinden« oder Menschen, mit denen du große Probleme hast. Schließe jetzt in deine Übung auch deine Ahnen und alle Menschen mit ein, die bereits gestorben sind, und auch all diejenigen, die in Zukunft geboren werden. Mache dein Herz ganz weit und dehne deine bedingungslose Liebe, die nicht mehr unterscheidet, auf das gesamte Universum aus.

WENN MAN

DAS WESEN DES
BEGRIFFES KARMA
VERSTEHT, WIRD
DAS SEHR HELFEN,
IN SCHWIERIGEN
SITUATIONEN NICHT
SEINEN INNEREN HALT
ZU VERLIEREN.

Geshe Tubten Ngawang

20. WOCHE

Wir liegen wach, sind krank und voller Sorge. Was hat der Arzt gesagt? Es könnte Krebs sein? Vielleicht wissen wir noch nicht, ob gutartig oder bösartig oder ob es überhaupt Krebs ist. Jeden von uns kann eine Krankheit ganz unvermittelt treffen, auch wenn wir im Moment gesund sind. Besser ist es, gut vorbereitet zu sein. Die innere Festigkeit sollte besonders in schwierigen Momenten nicht verloren gehen. Wir sollten lernen, die Situation zu ertragen und geduldig mit ihr umzugehen. Geshe Thubten Ngawang, der im Auftrag des Dalai Lama lange Jahre das Tibetische Zentrum in Hamburg geleitet hat, war ein Pionier des Buddhismus in Deutschland. Er setzte sich sein ganzes Leben für die Verbreitung von Liebe und Weisheit ein. Seiner Ansicht nach gibt es aus jeder noch so verfahrenen Situation einen Ausweg, wenn wir unseren Geist entsprechend schulen. Haben wir das erkannt, können wir unserem Leben einen neuen, heilsamen Verlauf geben. Er sagt: »Geduld entsteht durch Vertrauen in das Gesetz von Handlung und ihrer Resultate.« Wer

also überzeugt ist, dass das, was er erlebt, die Auswirkungen seiner vergangenen Handlungen sind, hat keinen Grund, sich zu beklagen.
Eine sehr bemerkenswerte Antwort gab mir in diesem Zusammenhang auch einmal Garchen Rinpoche, der für mich Liebe und Güte in Person ist. Ich befragte ihn einmal, wie er denn zu seinem Augenleiden gekommen sei. Er war 20 Jahre in chinesischer Folterhaft gewesen und konnte aufgrund der Leiden, die er dort erlitten hatte, die tränenden Augen nicht lange offen halten und musste sie immer wieder schließen. Seine bewegende Antwort: »Ach, ich habe in meinem Vorleben Kinder an den Augen verletzt.« Dieser Glauben an sein selbst verursachtes Karma hat es ihm offensichtlich ermöglicht, seine körperlichen Leiden bereitwillig zu ertragen und eine positive Geisteshaltung zu kultivieren.

Oft erschöpfen wir uns in negativen Gedanken, die unsere Befindlichkeit nur noch verschlimmern. Wir denken, wir seien die einzigen leidenden Wesen auf der ganzen Welt. Ein Blick ins Fernsehen oder in die Zeitung zeigt uns jedoch, wie viele Menschen auf der Welt Not und Qualen erleiden. Geshe Thubten Ngawang sagt: »Wenn wir positive Denkweisen wie das Ertragen immer wieder anwenden und für schwierige Zeiten in uns programmieren, dann bleiben wir im Gleichgewicht.« Im Tibetischen Buddhismus gibt es viele spirituelle Methoden des Gebens und Nehmens, wie etwa die Tonglen-Praxis, bei der man lernt, das Leiden anderer Menschen freiwillig auf sich zu nehmen und ihnen das eigene Glück zu senden.

Übung

Nimm Kontakt zu der kranken Stelle in deinem Körper auf und lenke deine Aufmerksamkeit dorthin. Imaginiere einen Buddha, der sich in glänzendes Licht auflöst. Sende dieses hell glänzende und warme Licht in diese Region und umhülle damit die befallenen und kranken Zellen in deinem Körper. Betrachte diesen Teil deines Körpers wie eine liebende Mutter ihr krankes Kind. Entwickle eine entspannte, versöhnliche Haltung, die ausdrückt, dass dein Körper dein bester Freund ist und dir etwas mitteilen will, um wieder heil zu werden und in die Ganzheit zu kommen. Spreche liebevoll zu der kranken Körperstelle und frage: Lieber Körper, was willst du mich lehren? Was willst du mir zeigen? Dann lass los und warte auf eine Antwort. Sage dir: Ich bin nicht allein, und es gibt viele Menschen, die krank sind. Wenn dich die Übung nicht überfordert, dann atme das Leid der anderen in Form einer schwarzen Wolke ein und sende ihnen deine Zuneigung, Liebe und Wärme in Form eines hellen, wärmenden Lichts. Wiederhole die Übung so oft, bis du inneren Frieden erlangt hast.

WIR MÜSSEN
ZU GEISTIGER
UNABHÄNGIGKEIT FINDEN
UND ERKENNEN, DASS
WIR NICHT UNSERE
FAMILIENGESCHICHTE SIND.

Jack Kornfield

21. WOCHE

Wir hatten es uns doch ganz fest vorgenommen, heute nicht mit unserem alten Vater zu streiten. Schon wieder haben wir es nicht geschafft und ärgern uns über uns selbst. Seine endlosen Sticheleien haben uns erneut in Rage gebracht. Auch unsere Kinder wissen ganz genau, wie sie bei uns den »Knopf« drücken und innerhalb einer Sekunde unsere Schwächen zum Vorschein bringen können. Besonders wenn wir glauben, dass wir auf dem spirituellen Weg Fortschritte gemacht haben, sind wir über uns selbst häufig bitter enttäuscht. Wir fragen uns: Wie schafft es die eigene Familie, uns immer wieder so schnell aus der Fassung zu bringen? So kann es passieren, dass wir aus einem einwöchigen Meditations-Retreat nach Hause kommen und völlig ausrasten, weil die Familie im unaufgeräumten Wohnzimmer vor dem Fernseher rumliegt, einen Krimi anschaut und uns nicht einmal begrüßt. Oder die Katze springt auf den Tisch, wir scheuchen sie laut schimpfend davon, und die kleine Tochter bemerkt vorwurfsvoll: »Mama, und du willst

Buddhistin sein?« Nicht auf Provokationen zu reagieren und die Buddha-Natur mitten im Alltag zu entdecken – das ist die Herausforderung. Wir sind nicht unsere Familie, aber unsere Familie ist der beste Spiegel für uns und zeigt uns sehr genau, wo wir uns auf dem spirituellen Weg befinden. Für viele Praktizierende ist es leicht, den heiligen Bereich auf dem Kissen zu kultivieren. Aber inmitten der Stürme des Alltags die Ruhe zu bewahren, das ist die Kunst.

Einmal fragte der chinesische Kaiser Bu von Ryô den Großmeister Bodhidharma, den Begründer des Zen-Buddhismus: »Was ist der höchste Sinn der heiligen Wirklichkeit?« Bodhidharma antwortete: »Offene Weite – nichts von heilig.« Es macht also keinen Sinn, die Praxis auf dem Kissen von unserem Familienalltag zu trennen. Der Ozean des Lebens tobt in uns und unterscheidet nicht zwischen Geburt und Tod, Freude und Leid. Das Leben erwischt uns kalt. Alles ist als Möglichkeit stets in uns vorhanden. Angelesenes spirituelles Wissen allein ist nicht tragfähig. Die eigene Familie entlarvt unsere aufgesetzten Masken und Rollen in der Regel blitzschnell. Und das ist gut so. Wir können unserer Familie gegenüber sogar Dankbarkeit entwickeln, dass sie uns täglich den Spiegel vorhält. Auf diese Weise laufen wir nicht Gefahr, stolz oder überheblich zu werden und am Ende ein falsches Selbstbild aufzubauen, das uns einflüstert, wir wären besser als die anderen.

Übung

Suche eine Umgebung, in der du dich geborgen fühlst und niemand dich stört. Du liegst in einer entspannten Haltung. Begrüße schwierige Gefühle, die jetzt vielleicht aufkommen. Gib ihnen Raum. Bewerte sie nicht. Lasse sie so sein, wie sie im Augenblick sind. Versuche nun, dir selbst Mitgefühl entgegenzubringen. Lege deine Hand auf dein Herz und sage dir: »Ich bin nicht perfekt. In der Welt der Wandlungen gibt es keine Vollkommenheit. Ich liebe mich, so wie ich bin.«

Entwickle nun eine liebevolle und wohlwollende Haltung dir selbst gegenüber. Dann versuche, dich selbst und die Menschen in deiner Familie so anzunehmen, wie sie sind. Entwickle einen weichen, milden und gütigen Blick auf die Schwächen aller Menschen und versuche, dir und deinen Mitmenschen zu verzeihen. Nimm wahr, ob deine Muskeln noch irgendwo im Körper verspannt sind. Versuche, sie zu entspannen und einen friedlichen Geisteszustand zu bewahren.

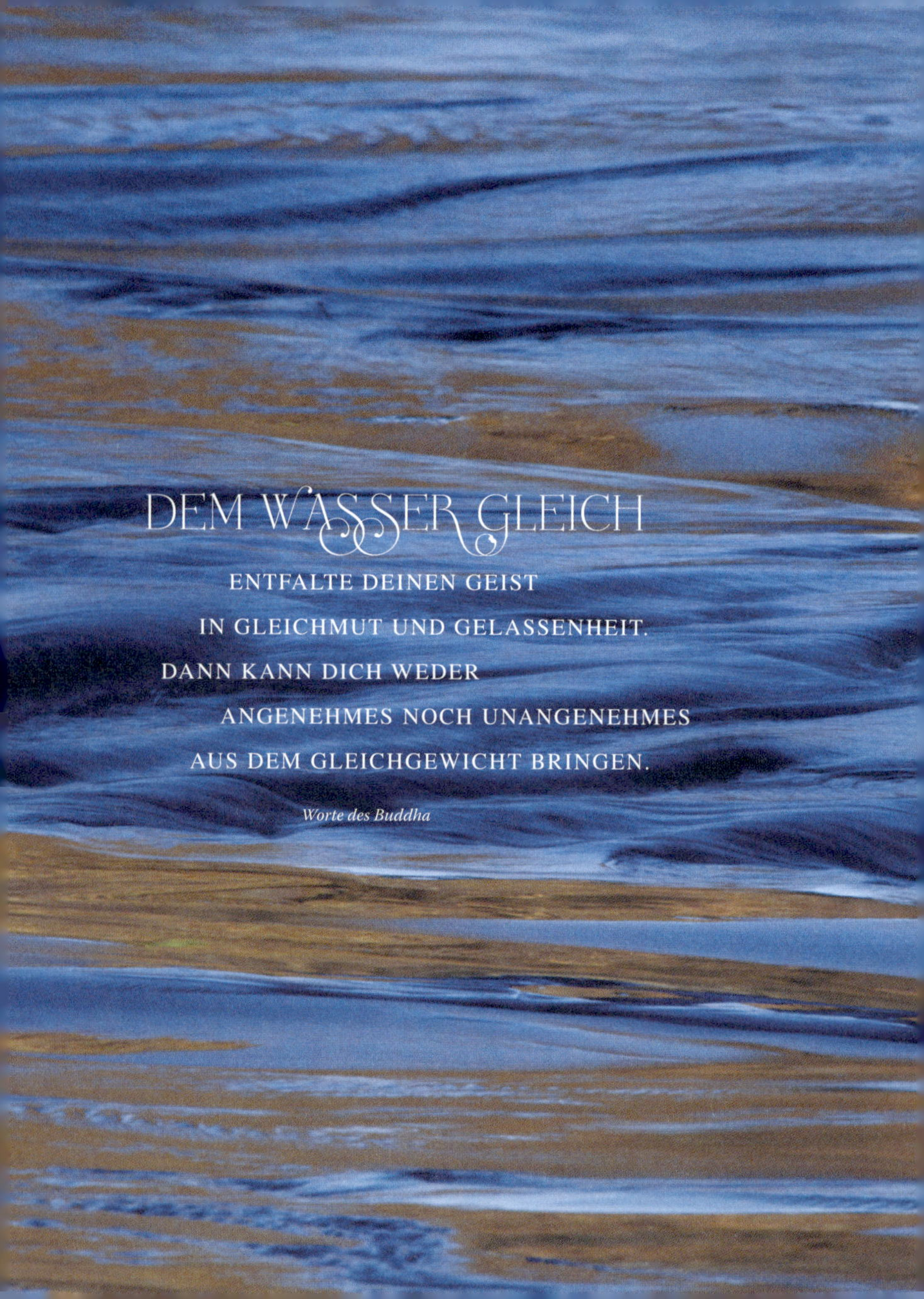

DEM WASSER GLEICH

ENTFALTE DEINEN GEIST
IN GLEICHMUT UND GELASSENHEIT.
DANN KANN DICH WEDER
ANGENEHMES NOCH UNANGENEHMES
AUS DEM GLEICHGEWICHT BRINGEN.

Worte des Buddha

22. WOCHE

Diesen Rat erteilte der Buddha seinem Sohn Rahula bei Sāvatthī im Jeta Hain. Rahula war der einzige Sohn von Siddharta Gautama und seiner Frau Yasodhara. Er trat bereits mit sieben Jahren in den Orden seines Vaters ein und begleitete ihn auf seinen ausgedehnten Wanderschaften als Novize. Und er erklärte ihm weiter: »Gerade so, wie die Leute saubere Dinge und schmutzige Dinge im Wasser waschen, und das Wasser deswegen nicht entsetzt, gedemütigt und angewidert ist, genauso, Rāhula, entwickle Meditation, die gelassen wie Wasser ist.«

Vielleicht sind wir noch aufgewühlt, hektisch und verstört von den Ereignissen des Tages. Eine Frau an der Supermarktkasse hat uns heute zu Unrecht beschuldigt, wir hätten etwas gestohlen. Auf der anderen Seite hatten wir auch ein schönes Erlebnis, denn der Nachbar, in den wir schon länger heimlich verliebt sind, hat uns ein aufregendes Kompliment gemacht. Wie sollen wir das alles verarbeiten? Als Lösung schlägt uns der Buddha vor: So wie man im Wasser Reines und Schmutziges wäscht und das Wasser alles gelassen hinnimmt ohne Widerstand, so solle man üben. Beobachten wir die Qualität des Wassers, so scheint es endlos aufnahmefähig zu sein. Diese gelassene und gleichmütige Haltung, sich weder durch angenehme noch durch unangenehme Dinge erschüttern zu lassen und alles, was passiert, als gleich-gültig hinzunehmen, gilt es, täglich zu trainieren. Wen Beschimpfungen kränken, der zeigt nur, dass er weder Klugheit noch Selbstvertrauen besitzt. Er setzt sich nur selbst herab. Der Weise dagegen fühlt sich von niemandem verachtet. Er ist in der Lage, jede Belastung auszuhalten und zu ertragen. Sein Geist lässt sich durch nichts lähmen oder aus der Ruhe bringen. Gelassen ist, wer in den Ozeanstürmen des Lebens unerschütterlich bleibt. Mit liebevoller Aufmerksamkeit können wir unseren Geist an diese Gelassenheit gewöhnen. Hilfreich ist es auch, alles, was einem begegnet, also auch die größten Hindernisse, als Möglichkeit zu innerem Wachstum anzusehen. Was wir uns stets vergegenwärtigen können: Wir müssen keine allzu große Hast an den Tag legen und Dinge überstürzen. Hektik und Druck sind keine Grundlage für eine ausgeglichene Lebensweise. Wir müssen nichts überstürzen, wenn die Zeit dazu nicht reif ist. Wir können unserem Lebenstempo einen natürlichen Rhythmus geben und uns dem Fluss des Lebens überlassen.

Übung

Visualisiere, dass du in einem Fluss schwimmst. Du liegst auf dem Rücken, lässt dich vom Wasser tragen, vertraust dich voll Vertrauen dem Fluss an. Das perlende Wasser klingt in deinen Ohren. Du atmest tief und ruhig und überlässt dich ganz dem sanften Rhythmus des Fließens. Wenn du dich am Ufer festhalten würdest, würde dieser Widerstand sehr viel Kraft kosten. Wenn du in einer Stromschnelle Panik bekommen solltest, würdest du durch deine hektischen Bewegungen schnell Wasser schlucken und untergehen. In diesem Bewusstsein bewahrst du die Ruhe und die Kraft und lässt dich weitertreiben. Landschaften ziehen an dir vorbei, Berge und Bäume gleiten an dir vorüber, die Sonne scheint und zieht ihre Bahn mit dem Wasser des Lebens mit. Du bist im Fluss und spürst einen tiefen, inneren Frieden in dir.

NICHT

AUSSERHALB, NUR IN SICH
SELBST SOLL MAN DEN FRIED
SUCHEN. WER DIE INNERE STI
GEFUNDEN HAT, DER GREIFT
NACH NICHTS, UND ER
VERWIRFT AUCH NICHTS.

Worte des Buddha

23. WOCHE

Ständig wollen wir irgendetwas erreichen und finden keinen Frieden. Vielleicht sind wir geschieden und sehnen uns nach der heilen Familiensituation zurück. Oder wir beklagen uns: Wo finde ich einen neuen Partner, der mich liebt? Was soll ich nur ganz allein in der Welt? Oft fliehen wir dann in die Einsamkeit und fürchten Gefühle von Verlust und innerer Leere. Wir wollen die Stille um jeden Preis vermeiden und wälzen uns im Bett unruhig hin und her. Die Erfahrung zeigt jedoch, dass uns die Erfüllung unserer Wünsche auf Dauer nicht befriedigt. Denn wenn wir etwas haben, geben wir auch keine Ruhe, sondern wollen immer mehr davon. Sehr treffend haben die Rolling Stones in ihrem Song »I can't get no satisfaction, 'cause I try and I try …« dieses quälende Verlangen und seine nicht endende, leidvolle Suche nach Glück besungen.

Wir agieren meist nicht selbstbestimmt, sondern sind Sklaven unserer Wünsche und Begierden. Wir hängen an Menschen und Dingen und machen unser Glück von ihnen abhängig. Es macht

uns Angst, allein im Bett zu liegen. Dann sind wir unseren Ängsten, unserem Ärger, unserer Habgier hilflos ausgeliefert und mit uns selbst konfrontiert. Inneren Frieden können wir nach den Worten des Buddha jedoch nicht finden, wenn wir aufgewühlt sind wie das wogende Meer bei einem Sturm. Der Frieden stellt sich erst ein, wenn wir nichts ablehnen oder begehren, unsere Stimmung ausgeglichen ist und einer ruhigen Wasseroberfläche gleicht. Wie schaffen wir das?
Um die Wahrheit zu entdecken, müssen wir uns selbst anschauen und unermüdlich an uns arbeiten, so die Weisheitslehren. Doch die Früchte unserer Bemühungen werden sich bald einstellen, wenn wir den Mut haben, uns alleine auszuhalten. Wenn wir lernen, die Gunst der Nachtstunde zu nutzen und die Kunst des Alleinseins zu kultivieren, werden wir bald unser bester Freund oder unsere beste Freundin sein. Allmählich werden wir unabhängig von der Bestätigung anderer, von geselliger Unterhaltung oder persönlichen Beziehungen. Auf dem Pfad unterstützt uns besonders die Achtsamkeit im gegenwärtigen Augenblick. Wir lernen, unabhängig von Vergangenheit und Zukunft zu werden, über unsere Gedanken und Emotionen zu wachen und ein erfülltes Leben voller Zufriedenheit und Glück zu führen.

Übung

Stell dir vor, du schwebst auf einer weißen luftigen Wolke. Die Wolke gleitet mit dir über den weiten Himmelsraum. Du liegst völlig schwerelos auf dem weichen Wattebausch und genießt das endlose Blau des Himmels. Die hellen Sonnenstrahlen bescheinen dich mit wärmendem Licht, und du rekelst dich entspannt und wohlig auf deiner Wolke. Jetzt trägt dich die Wolke unter der roten Abendsonne in den weiten offenen Raum. Du fühlst dich leicht und unbeschwert. Nichts eilt. Du hast jede Zeit der Welt, dich so dahintreiben zu lassen und den Augenblick voll und ganz zu genießen. Du fühlst dich eins mit dir und dem Himmelsraum und bist erfüllt von der inneren Stille und dem Frieden, der in dir und um dich herrscht.

DAS KOSTBARSTE

ALLER REICHTÜMER IST DIE INNERE ZUFRIEDENHEIT. DARUM BEMÜHE DICH VOR ALLEM UM DIE INNERE ZUFRIEDENHEIT. DANN WIRST DU ERLEBEN, DASS DU IMMER REICHLICH HAST, SELBST WENN DU IN DER ARMUT LEBST.

Nagārjuna Suhṛllekha 34

24. WOCHE

Heute möchte ich euch eine Geschichte erzählen. Sie handelt von einem armen Mann, der vor langer Zeit in Tibet mit seiner Frau, vier Kindern, drei Schweinen, zwei Kühen und sechs Hühnern sehr beengt in einer kleinen Hütte lebte. Immer, wenn er von der Arbeit nach Hause kam, schrien die Kinder, quiekten die Schweine, muhten die Kühe und gackerten die Hühner. Täglich wurde er nervöser und konnte die häusliche Atmosphäre einfach nicht mehr aushalten. Manchmal dachte er schon daran, seinem Leben ein Ende zu setzen. Daher holte er eines Tages Rat von einem weisen Lama, der in einem weit entfernten Dorf lebte. Der Meister hörte sich die Beschwerden des geplagten Mannes an und befahl ihm zu seinem Entsetzen: »Nimm noch eine Kuh in deine Hütte auf.« Widerstrebend tat er, was der weise Meister ihm geraten hatte. Nach einer Woche kam er wieder. Er war nervöser als zuvor. Jetzt befahl ihm der Lama, noch zwei Schweine aufzunehmen, die Woche darauf musste er sogar noch vier Hühner in die enge Hütte stopfen.

Seine Nerven waren bis zum Zerreißen angespannt. Er war kurz davor, völlig verrückt zu werden, und ging krank und verzweifelt zum Meister.
Dieser erlaubte ihm nun endlich, die Kuh wieder aus der Hütte zu entfernen. War das eine Erleichterung! In der Woche darauf durfte er die zwei neuen Schweine wieder entfernen und die Woche darauf die Hühner. Der arme Mann war nun überglücklich und so dankbar für sein Leben, an dem sich nichts geändert hatte außer seiner Einstellung. Er dachte nun fröhlich: »Platz ist in der kleinsten Hütte.« Sie erschien ihm mit einem Mal geräumig, und er klagte nie wieder über seine beengte Situation. Diese Geschichte wird in Variationen in vielen spirituellen Traditionen gerne erzählt. Sie zeigt uns, dass Zufriedenheit eine Sache der Perspektive und des eigenen Blickwinkels ist. Innere Zufriedenheit ist eine Entscheidung, und wir können sie trainieren. Wie? Für uns kann es vielleicht hilfreich sein, am Ende eines Tages Tagebuch zu führen und nur die Dinge zu notieren, für die wir an diesem Tag dankbar sind.

Übung

Schließe die Augen und lasse ein kleines Lächeln in deinem Herzen entstehen. Atme ruhig und tief in den Bauchraum. Lasse nun die Gedanken wie Vögel am Himmel vorüberziehen. Wenn du möchtest, kannst du in deinen Körper hineinfühlen. Bemühe dich, ein Gefühl der Dankbarkeit gegenüber deinem Körper zu entwickeln, den du immer als selbstverständlich erachtest. Entwickle nach und nach Dankbarkeit für jeden Körperteil, der dich gesund erhält. Beginne bei deinen Füßen, die dich den ganzen Tag getragen haben und wandere dann den ganzen Körper hinauf. Freue dich auch über dein Nicht-Zahnweh. Am Ende entwickle ein tiefes Gefühl der Dankbarkeit für den heutigen Tag und deine momentane Lebenssituation. Bedanke dich aus tiefstem Herzen für die vielen schönen Momente, die du heute erlebt hast, und bekräftige sie mit den Worten: »Danke, danke, danke.« Erspüre nun, was sich an deinem Körpergefühl verändert hat.

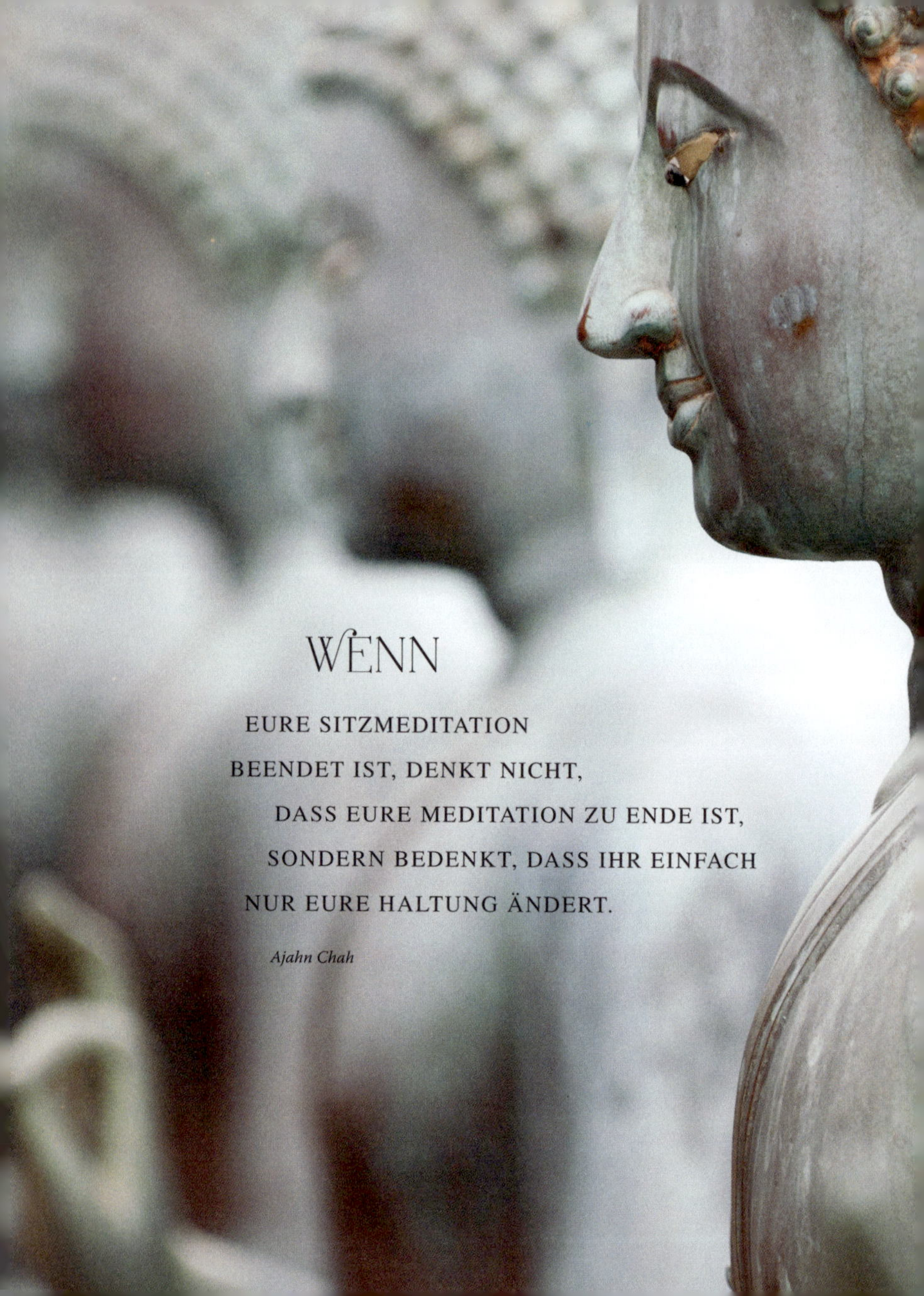

WENN

EURE SITZMEDITATION
BEENDET IST, DENKT NICHT,
DASS EURE MEDITATION ZU ENDE IST,
SONDERN BEDENKT, DASS IHR EINFACH
NUR EURE HALTUNG ÄNDERT.

Ajahn Chah

25. WOCHE

Viele von uns meditieren oder haben vielleicht gerade mit der Meditationspraxis begonnen. Wer dies wirklich ernsthaft tun möchte, der sollte wissen, dass beständige Praxis darin besteht, dass wir die Einstellung auch während des Gehens, Stehens, Sitzens und Liegens beibehalten sollten. Der berühmte Mönch und Gelehrte Ajahn Chah riet seiner Mönchsgemeinschaft: »Wenn ihr auf diese Weise meditiert, werdet ihr Frieden finden, wo immer ihr euch befindet.« Der Ehrwürdige Ajahn Chah praktizierte im Stil der Waldklostertradition Thailands, lebte in Dschungelgebieten, die mit Tigern und Kobras bevölkert waren und sogar auf Friedhöfen. All das tat er, um die Angst vor dem Tod zu besiegen, bevor er sein Weisheitswissen an Schüler weitergab. Ajahn Chah war ein strenger Lehrmeister. Wer sich nach der Abendmeditation gehen ließ und auch den nächsten Tag damit verbrachte, seinen Geist überall umherstreunen zu lassen, der konnte seiner Ansicht nach keine Geistesruhe finden. Wer ständig eine Ausrede parat hielt, um nicht zu praktizieren, wie etwa »heute ist es zu kalt« oder »heute ist es zu heiß«, der fand seiner Meinung nach niemals inneren Frieden. Richtige Praxis hieß für Ajahn Chah beständige Praxis.

Diese beständige Haltung der Achtsamkeit auf den Geist sollten wir Tag und Nacht kultivieren, gleichgültig, ob wir meditieren oder nicht. »Die Praxis besteht darin, alles anzuschauen«, so Ajahn Chah, »einfach schauen, nicht urteilen.« Gute und schlechte Gedanken und Gefühle kommen und gehen. Die Kunst ist es, nicht daran zu hängen und auch keine Aversion dagegen zu entwickeln. Indem wir unseren Geist auf diese Weise schulen, können wir die innere Praxis ununterbrochen aufrechterhalten. Auch wenn wir uns am Abend hinlegen, geht es mit der Praxis weiter. So können wir Geistesruhe erlangen. Wen die Sorgen darüber, wie er die Anforderungen des nächsten Tages meistern soll, nicht schlafen lassen, der kann sich für den nächsten Tag folgende Übung vornehmen.

Übung

Wenn im Büro eine Flut von E-Mails auf dich wartet und der Terminkalender überquillt, kannst du die Praxis der Drei-Minuten-Atempause anwenden. Sie wird dir helfen, dich zu sammeln, Gefühle von Stress abzubauen und einen inneren Raum für dich zu schaffen, wenn alles um dich herum eng wird. Du kannst sie überall praktizieren, ob im Wartezimmer beim Arzt oder in der Bahn.

Schließe, wenn möglich, die Augen. Frage dich: Wie geht es mir gerade jetzt in diesem Augenblick? Wo in meinem Körper fühle ich Anspannung? Welche Gefühle bewegen mich, welche Gedanken? Urteile nicht, nimm sie einfach nur wahr. Lenke jetzt die Aufmerksamkeit auf deinen Atem. Achte darauf, wie dein Atem ein- und ausströmt, bis er ganz ruhig wird. Öffne die Augen und nehme langsam wieder Kontakt zu deiner Umwelt auf. Durch diese Übung gestärkt, halte die Praxis fortwährend aufrecht und versuche, in jedem Moment präsent und achtsam zu sein. Vielleicht entdeckst du mit der Zeit, dass es gar nicht die Arbeit ist, die dich so sehr stresst, sondern dein Anspruch, alles gleichzeitig und perfekt machen zu wollen. Wiederhole die Atempausen, wann immer es dir notwendig erscheint.

WAS IMMER

ES AN FREUDE GIBT AUF DER WELT,
ALLES ENTSTEHT AUS DEM WUNSCH
NACH DEM WOHL DER ANDEREN.
WAS IMMER ES AN LEIDEN GIBT
AUF DER WELT, ALLES ENTSTEHT
AUS DEM WUNSCH NACH DEM
EIGENEN WOHL.

Shantideva

26. WOCHE

Beim Versuch, bedingungsloses Mitgefühl für alle Wesen zu praktizieren, empfinden wir oft Widerstände. Oft gelingt es uns nicht, anderen Menschen die gleichen positiven Gefühle entgegenzubringen wie unseren Kindern oder von uns geliebten Personen. Ein Zen-Meister erklärte einmal, warum das Prinzip des Kommunismus nicht funktionieren könne: Wenn man vor sechs Personen sechs Reisschalen stellen würde, gäbe es immer eine Person, die zwei Reisschalen für sich beanspruchen würde. Durch die Gier entsteht der Hunger auf dieser Welt. Häufig trennen wir zwischen uns und den anderen Menschen und setzen uns eigennützig für unseren Vorteil oder den unserer Familien ein. Alle spirituellen Lehrer stimmen darin überein, dass wir die Trennung zwischen dem »Ich« und den anderen, die Trennung zwischen dem »Ich« und der Welt als Illusion durchschauen sollten. Denn die Leiden dieser Welt entstehen primär aus dieser Trennung. Wir übersehen meist, dass die Leiden der anderen langfristig auch unsere Leiden sind. Politiker und Banker setzen oft egoistisch auf kurzfristigen Profit und Gierwirtschaft und gefährden so die Zukunft unserer Kinder und das Überleben unseres Planeten. Deshalb plädieren heute immer mehr Menschen für nachhaltiges Wirtschaften und universelles Verantwortungsgefühl. Hilfreich ist es, alle Menschen in ihrem Wunsch nach Glück als gleichwertig zu betrachten. Shantideva beschreibt in seinem Werk »Bodhicaryavatara« den Weg der Bodhisattvas, die so lange zum Wohl der Wesen im Daseinskreislauf wirken, bis alle Wesen erleuchtet sind. Auch wenn man kein Bodhisattva ist, kann man den Geist des Mitgefühls kultivieren. Indem wir der Welt und den anderen Menschen aus dieser Motivation heraus dienen, unterstützen wir die Bewahrung unseres Planeten Erde. Für eine Heilung sind Spiritualität, Mitgefühl, Weisheit und Ethik unerlässlich, so sagen die Weisheitslehrer aller Traditionen. Im Praktizieren von bedingungslosem Mitgefühl liegt ein enormes Kraftpotenzial. Wenn wir es anwenden, können wir jetzt schon den Himmel auf Erden schaffen. Mitgefühlspraxis verändert nicht nur uns selbst, sondern auch die Welt.

Übung

Wir liegen entspannt auf einer weichen Unterlage und zaubern ein sanftes Lächeln auf unsere Lippen. Unmerklich übertragen wir das Lächeln auf unsere Augenwinkel. Auf diese Art entsteht gleichsam ein inneres Lächeln, das aus unserem Herzraum kommt. Jetzt konzentrieren wir uns auf unser Herz als Quelle des inneren Lächelns. Wir senden das Licht unserer warmen Herzensenergie nach außen über unsere Körpergrenzen hinaus. Wir dehnen diese Herzenswärme immer stärker aus bis in die Unendlichkeit und fühlen, wie sich unser Herz immer mehr weitet. Nun setzen wir einen Menschen in dieses Energiefeld, den wir sehr lieben. Wir spüren, wie es immer wärmer in unserem Herzen wird und die Energien der Liebe zu fließen beginnen. Allmählich setzen wir immer mehr Menschen in dieses leuchtende Herzensfeld, Menschen, mit denen wir Schwierigkeiten haben, Menschen, die wir nicht gut kennen, Menschen aus aller Welt, Verstorbene und auch Tiere und Lebewesen. Wir senden allen Wesen dieses wärmende Licht der Zuneigung und verweilen in diesem Wohlgefühl.

DIE STILLE
LEHRT UNS
ZU HÖREN.
Dharma-Meister Hsin Tao

27. WOCHE

Wenn wir in die Nacht eintauchen, können wir in die Stille lauschen. Das ist für uns moderne Menschen gar nicht so einfach. In der Regel werden wir den ganzen Tag über mit Informationen überflutet. Kaum liegen wir im Bett, beginnen die Gedanken zu rasen, Bilder kreisen vor unseren Augen. Viele von uns haben Stresssymptome wie Tinnitus oder Magendrücken und sind oft einem lauten Geräuschpegel ausgesetzt. Wir können uns nichts mehr merken und googlen unser Wissen schnell mit einem Klick. Unseren Kopf haben wir im Internet gelassen. Häufig können wir uns nicht mehr konzentrieren, weil wir keine ausreichende Muße haben, um nachzudenken. Ohne Pause hasten wir durch den Tag. Jetzt ist es wichtig abzuschalten, zur Ruhe zu kommen und die Hektik des Tages zu verarbeiten.

Wenn wir uns auf den Klang der Stille konzentrieren, dann sollten wir uns auf das Hören fokussieren. Wir brauchen eine abendliche Meditationspraxis für unseren zerstreuten Geist, um zu unserem ursprünglichen Geist zurückzufinden. »Stille lehrt einen zu hören«, sagt der Zen-Meister und Mönch Hsin Tao, der in Taiwan das Museum der Weltreligionen gegründet hat. Auch wenn die Umgebung im Alltag laut ist, rät er, den Klang der Stille zu praktizieren. So können wir Raum und Zeit transzendieren und zu den wahren Werten im Leben zurückfinden. Die folgende Meditation, die ich selbst bei Meister Hsin Tao gelernt habe und in leicht abgewandelter Form wiedergebe, hat den Zweck, bei sich selbst anzukommen. Die stille Meditation ist eine Friedensmeditation. Mit ihr finden wir besonders vor dem Einschlafen unsere innere Ruhe wieder.

Übung

Schließe deine Augen und konzentriere dich ein paar Minuten auf deinen Ein- und Ausatem, bis du dich ruhig und entspannt fühlst. In der Vorstellung führe folgende Übung mehrmals aus. Sage dir: »Die Augen blicken zur Nase, die Nase blickt zum Mund, der Mund blickt zum Herz. Keine Vorstellungen und Bilder sind im Herzen.« Wiederhole die Übung in der Vorstellung viele Male hintereinander, bis du ganz mit ihr verschmilzt und völlig präsent bist. Erst dann entspanne deine Ohren und höre aufmerksam auf die Stille. Die Grenzen zwischen dir und dem Raum lösen sich auf. Wenn Gedanken oder Gefühle aufkommen, nimm sie wahr und höre unabgelenkt auf die Stille in den Gedanken, in den Gefühlen, in den Dingen und hinter den Dingen. Lasse dich nicht ablenken und höre weiter auf die Stille, bis du deinen inneren Frieden gefunden hast. Diese Übung kannst du auch im Alltag anwenden, wenn um dich das Leben tobt. Nach längerer Einübung dieser kostbaren Praxis relativiert sich allmählich deine enge Sicht der Dinge, und du beginnst, Gelassenheit und innere Weite zu entwickeln.

WENN DER WIND
SICH LEGT, SEHE ICH EINE BLÜTE
FALLEN. WEIL EIN VOGEL SINGT,
ENTDECKE ICH DIE RUHE DES BERGES.

Zen-Gedicht

28. WOCHE

In der Tradition des Zen-Buddhismus gibt es viele Übungen, um den aufgewühlten Geist zur Ruhe zu bringen. Manche Menschen können nicht einschlafen und ärgern sich, weil sie hören, wie unentwegt Regentropfen auf ihr Fensterbrett hämmern. In diesem Moment haben sie vergessen, dass sie schon am nächsten Tag den wunderschönen Sonnenaufgang sehen werden. Der große Zen-Meister Shunruy Suzuki-Roshi rät uns, aus einer weiteren Perspektive die wahre Natur der Dinge so zu sehen und zu akzeptieren, wie sie sind. Nur durch die Wolken, die den Mond verdecken, werde uns bewusst, dass der Mond rund ist. Nur durch das Vogelzwitschern wird uns bewusst, dass es Ruhe gibt. Wir sind gewohnt, die Erscheinungen getrennt voneinander zu betrachten. Aber ohne Regen gibt es nun mal keine Sonne, ohne Nacht keinen Tag. Für den Zen-Geist sind Tag und Nacht, Unkraut und Blume, Liebe und Hass nicht verschieden voneinander. Sie gehören zusammen. Daher sollten wir aus Sicht Suzuki-Roshis lernen, das Geräusch des Regens wertzuschätzen.

Wenn unser Geist selbstbezogen auf Probleme konzentriert ist, sehen wir oft den Wandel und das große Ganze nicht mehr. So verlieren wir die Zuversicht und das Vertrauen. Ständig fragen wir uns, warum wir leiden. Doch dort, wo wir unseren Fokus hinlegen, verstärkt sich die Energie. Die Probleme entstehen nur, weil wir auf sie fixiert sind. Aber wenn wir uns selbst als Buddhanatur sehen und alle Phänomene als nicht-verschieden voneinander, ist alles in Ordnung. Es gibt keine Insel, auf die wir vor unserem Leben fliehen können. Wir können lernen, die Ruhe im Auge des Orkans zu finden und die Meditation nicht vom Alltagsstress zu trennen. Wir entdecken so eine tiefere, weite und ganzheitliche Sicht auf die Phänomene, die nicht getrennt voneinander existieren und sich bedingen. Wenn wir unseren Geist in dieser Weise schulen, können wir unsere Umgebung und selbst schwierige Menschen (wie uns) wertschätzen. Wir entwickeln langfristig eine innere Ruhe und können bald inmitten der Lebensstürme die Gelassenheit des Geistes bewahren. »Wenn wir in Schwierigkeiten oder in Not sind, haben wir dort die Erleuchtung«, so Suzuki-Roshi. Mit dieser heilsamen Einstellung können wir den wahren Schatz des Lebens finden.

Übung

Wenn du im Bett liegst, versuche, dich zu entspannen. Konzentriere dich auf deinen Atem. Beobachte: Wer ist es, der atmet? Sei dir gewahr, dass es keine Grenzen zwischen innen und außen gibt. Dein Atem verbindet Körper und Geist. Er ist immer da und zugleich nirgends. Überlasse dich dem großen Atemstrom. Er atmet dich. Spüre deine grenzenlose Verbindung zu einem größeren Ganzen. Fühle deinen Atem, wie er kommt und geht und überlasse dich vertrauensvoll dem Atemrhythmus. Gibt es Störungen in deiner Umgebung? Nimm Geräusche wie den Regen oder den Autolärm wahr und beobachte, wie auch die Geräusche kommen und gehen. Wo ist die Ruhe jetzt? Bleibe gelassen und komme immer wieder zu deinem Atem zurück.

ALLE DINGE

ENTSTEHEN IM GEIST,
VOM GEIST BEHERRSCHT,
VOM GEIST GEZEUGT.
SPRICH MIT REINEM GEIST
UND GLÜCK WIRD DIR
FOLGEN, SO WIE EIN
SCHATTEN, DER NIE WEICHT.

Worte des Buddha

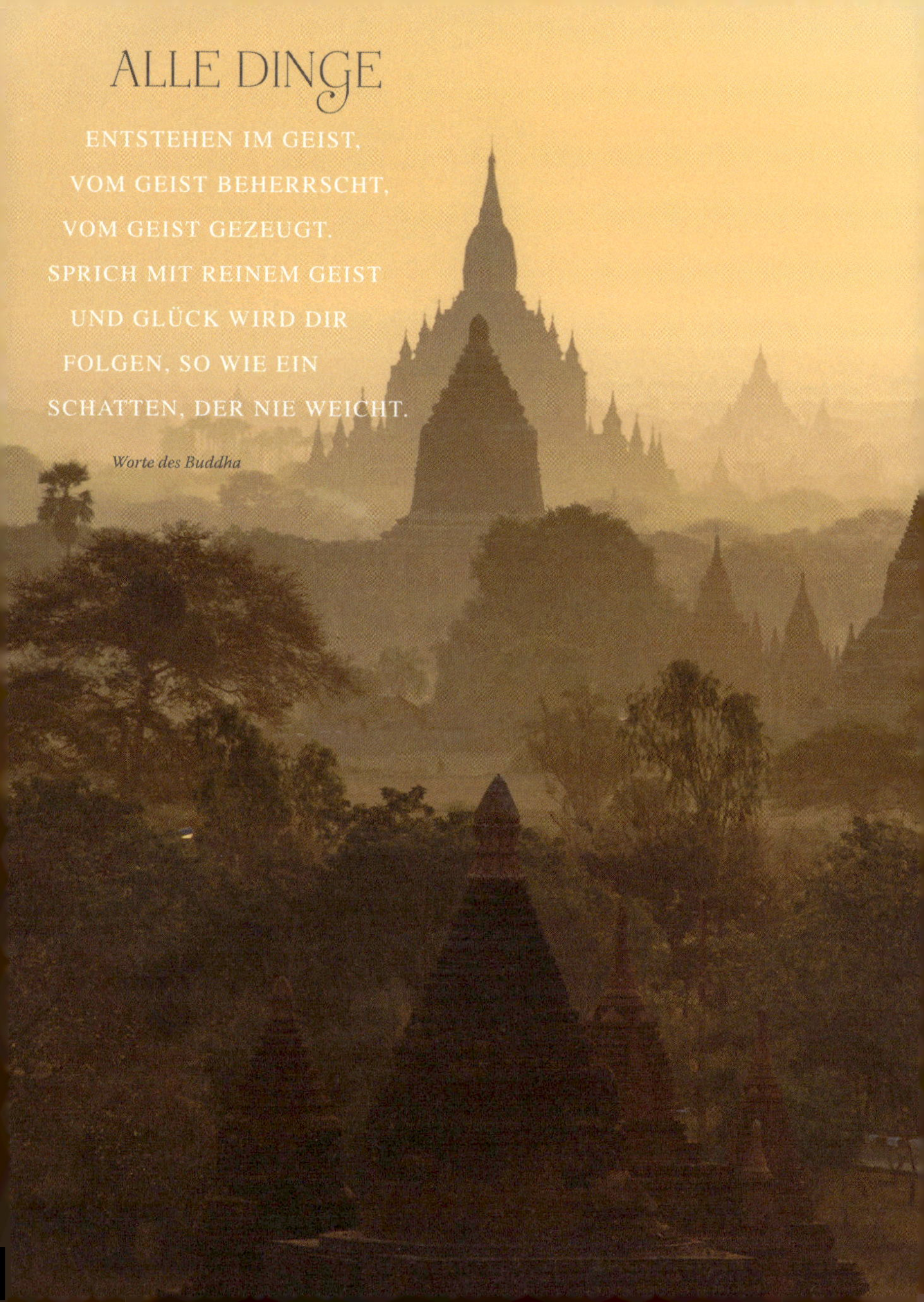

29. WOCHE

Manchmal können wir nicht einschlafen, weil uns ein schlechtes Gewissen plagt. Spätestens jetzt stellen wir fest, dass wir nicht der Meister unserer Gedanken sind, sondern dass diese uns beherrschen. Was ist vorgefallen? Vielleicht haben wir unsere Partnerin oder unseren Partner durch unsere harten Worte sehr verletzt. Wir liegen wach, fühlen uns hilflos ausgeliefert und würden am liebsten vor uns selbst davon laufen. So bleibt uns nichts anderes übrig, als über uns und unser Verhalten nachzudenken.

Schon vor 2500 Jahren erkannte der Buddha, dass Glück und Leid von unserem eigenen Geist und Verhalten abhängen. Unter dem Bodhibaum erlangte Buddha die Erleuchtung und zeigte später seinen Anhängern den Weg zu Weisheit und Glück. Der Erwachte erkannte, dass wir in unserem Bewusstsein die Ursachen für unser eigenes Leiden durch Begierde, Hass und Verblendung in die Welt setzen. Unser schlechtes Gewissen und unsere Schlaflosigkeit sind nur der innere Barometer dafür, dass

etwas nicht in Ordnung ist. Aber wir können unsere innere Balance wiederherstellen.
So lehrt der Buddha, dass wir durch stetige Achtsamkeit auf Körper, Rede und Geist unheilsame Gedanken schon im Entstehen bereinigen können. So säen wir die Ursachen für unser Glück und sammeln gutes Karma an. »Tue immer Gutes, tue niemals Böses, und halte deinen Geist rein«, so könnte man die Lehre des Buddha zusammenfassen. Um störende Gedanken zu befrieden, hat der Buddha einen überraschend einfachen Tipp, den wir auch in unruhigen Nächten anwenden können. So rät er uns als geschicktes Mittel der Transformation, die Gedanken von unheilsamen Objekten auf Heilsames zu lenken. Auf diese Weise können wir uns, statt weiter an einem destruktiven Selbsthass anzuhaften, das lächelnde Gesicht des Buddha oder einer anderen geliebten Person vorstellen, bis wir uns beruhigt haben. Auf diese Weise wird der Geist innerlich gefestigt, wieder zur Einheit und Konzentration gebracht. Mönche, die sich in der buddhistischen Praxis langfristig übten, nannte der Buddha Meister der Gedankengänge. Sie waren in der Lage, das Begehren für immer abzulegen und die Fesseln des Ich abzustreifen. Wir sollten uns nun keine Gedanken mehr über den vergangenen Tag machen. Für alles Geld der Welt können wir begangene Taten nicht rückgängig machen. Aber für morgen können wir uns vornehmen, es besser zu machen, niemandem zu schaden und gute Taten zu vollbringen. Auf diese Weise wird das Glück langfristig unser beständiger Begleiter, und wir werden angenehme Träume haben.

Übung

Einmal wurde eine alte Indianerin gefragt, wie sie so weise und glücklich geworden sei und sich so viel Respekt erworben habe. Darauf antwortete sie: »In meinem Herzen gibt es zwei Wölfe. Einen Wolf der Liebe und einen Wolf des Hasses. Alles hängt davon ab, welchen ich an jedem Tag füttere.« Daher überlege gut, welchen Wolf du morgen und an jedem einzelnen Tag deines Lebens füttern möchtest.

SICH UM

SICH SELBST
ZU KÜMMERN BEDEUTET
ALS ERSTES ZU LERNEN,
WIE MAN ANHÄLT UND
NACH INNEN SCHAUT.

Thich Nhat Hanh

30. WOCHE

Viele Menschen im Westen haben heute den Kontakt mit sich selbst verloren. Bei alten Kulturvölkern wie in Afrika oder im alten Tibet kann man noch beobachten, wie dort selbst arme Menschen wie Königinnen und Könige selbstbewusst und in würdevoller Haltung über morastige Wege gehen. Sie schreiten ohne Hast und in völliger Körperpräsenz. Beobachtet man dagegen Geschäftsleute auf europäischen Flughäfen, so sieht man oft abwesende Kopfmenschen, die ihr Handy verzweifelt ans Ohr pressen und keinerlei Bezug mehr zu sich und ihrem Körper haben. Sie sind in sich selbst nicht mehr zu Hause. Wo sind sie? Manche Manager mit Burn-out-Symptomen müssen den Kontakt mit sich über ein Achtsamkeitstraining MBSR (Mindfulness-Based-Stress Reduction) nach dem buddhistischen Lehrer Jon Kabat-Zinn wieder mühsam erlernen. Wie Kinder müssen sie unter Anleitung üben, innezuhalten und dank Übungen wie Body-Scan, Meditation und Yoga ihren Geist und Körper wieder wahrzunehmen. Gehirnforscher haben nachgewiesen, dass dieses Achtsamkeitstraining nicht nur das Immunsystem stärkt, sondern auch Ängsten und Depressionen erfolgreich entgegenwirkt. Doch warum so weit ausholen? Es kann vorkommen, dass wir selbst im Doppelbett neben unserem Mann, eben so einem gestressten Manager, liegen und einfach nicht einschlafen können. Er wirft sich neben uns im Bett hin und her. Seine Unruhe, seine Atemnot, sein hoher Energielevel, sein Herzrasen übertragen sich auf uns und machen uns wahnsinnig. Wir hassen es und können das gehetzte laute Schnaufen einfach nicht mehr ertragen. Wir könnten aus der Haut fahren! Doch gerade diese Situation ist nach den buddhistischen Lehren der ideale Zeitpunkt innezuhalten, sich um uns selbst zu kümmern und uns zu transformieren. Wir können lernen, jedes Hindernis in die Praxis zu integrieren, Abstand zu nehmen, Raum für uns zu gewinnen und uns abzugrenzen. Wir sollten die Verantwortung für uns übernehmen und uns nicht im anderen verlieren, der unsere Ratschläge vielleicht gar nicht hören will. In unserem Heilungsprozess sind wir dazu aufgefordert, auszuharren und mit den Dingen umzugehen.

Der indische Meister Atisha (geb. 980 n. Chr.) hatte einmal einen Diener, der sich sehr respektlos verhielt und an allem und jedem etwas auszusetzen hatte. Seine Schüler rieten ihm, den unerträglichen Quälgeist zu entlassen. Doch Atisha verneinte: »Ich bin glücklich, dass ich meinen Diener habe! Wie sollte ich sonst die Vollkommenheit der Geduld üben?« Mit dieser wohlmeinenden Einstellung sollten wir uns wie Atisha darin üben innezuhalten, uns zu beruhigen, Geduld mit uns und unseren nächsten Mitmenschen zu praktizieren und immer wieder sanft zu uns selbst zurückzukommen.

Übung

Lege dich entspannt auf den Rücken. Nehme drei bewusste Atemzüge und fühle deinen Atemstrom. Konzentriere dich auf deinen Ausatem und lasse ihn völlig ausströmen, bis sich die Luft wie von selbst beim Einatmen wieder in deine Lungen pumpt. Mit dem Ausatem sendest du alle Anspannungen und negativen Emotionen in deine Unterlage. Wie geht es dir jetzt? Mache nun einen Body-Scan und wandere bewusst von den Füßen bis zum Kopf. Du bist jetzt vollständig in deinem Körperhaus angekommen, in dem du sonst oft nur ein oder gar kein Zimmer bewohnst. Wie fühlt sich das an?

ANDERE
MENSCHEN SIND
NICHT ICH.
Dogen Zenji

31. WOCHE

In seiner Jugend reiste Dogen Zenji durch China, um dort verschiedene Klöster zu besuchen. Unterwegs sah er eines Nachmittags einen alten *tenzo* (Chefkoch), der unter der sengend heißen Sonne auf einer Strohmatte Pilze zum Trocknen ausbreitete. Dogen Zenji bedauerte den alten Mann und fragte, warum er keine Helfer habe. Darauf antwortete der *tenzo:* »Andere Menschen sind nicht ich.« Dogen Zenji gab ihm recht, wollte aber dennoch wissen, warum er so hart in der glühenden Hitze arbeite. Er antwortete: »Wenn ich es jetzt nicht tue, wann soll ich es dann tun?« Dogen Zenji spürte in diesen Worten die wahre Bedeutung der Aufgabe eines *tenzo.*

Was will uns diese Zen-Geschichte sagen? Sie will uns darauf hinweisen, dass wir in jedem Moment die volle Verantwortung für unser Leben tragen. Niemand kann es für uns leben. Niemand kann für uns fühlen, für uns arbeiten, für uns Schmerzen empfinden. Wie oft wollen wir Verantwortung für das Leben eines anderen Menschen übernehmen in der guten Absicht, ihm zu helfen. Vielleicht ist unser Sohn drogensüchtig. Wir versuchen wohlmeinend, ihm sein Leben zu erleichtern. Da er nicht lernt, die Verantwortung für sich zu übernehmen, schaden wir ihm am Ende durch unsere Haltung sogar. Jeder Mensch hat seine eigene Würde und Grenzen, die wir in Demut respektieren sollten. Wir können nicht das Leben eines anderen leben und notwendige Erfahrungen von ihm abhalten. Manchmal kommt es auch vor, dass selbst erwachsene Menschen ihren alten Eltern noch die Schuld für ihr Versagen, für ihr misslungenes Leben geben. Das entbehrt nicht der Komik. Oder vielleicht ketten wir unsere Hoffnungen an unseren Partner. Wir erheben den Anspruch, sie sollten unser Dasein gefälligst angenehmer machen. Wir verschwenden so viel Zeit mit Träumen und erhoffen die Erlösung von unseren Mitmenschen. Der Geist des Zazen, den wir in der Sitzmeditation trainieren, lehrt uns dagegen, das zu tun, was in unserem Leben gerade ansteht. Ab heute können wir, wie der *tenzo,* in jeder Sekunde die Verantwortung für unser einzigartiges, kostbares Leben übernehmen. Dann werden wir die Freude erleben, die gerade darin liegt, alles, was getan werden muss, ganz zu tun und alles anzunehmen, zu akzeptieren und zu tragen, was jetzt gerade in unserem eigenen Leben ansteht.

Übung

Entspanne deinen Geist im weiten Raum. Verweile in offenem Gewahrsein. Gedanken und Gefühle kommen und gehen. Entwickle Achtsamkeit und eine neugierige Haltung. Wie eine Katze gespannt auf ein Mauseloch starrt und es keine Sekunde aus dem Blick lässt, so richte deine Aufmerksamkeit auf das Entstehen von Gedanken und Gefühlen. Nimm sie wahr, aber greife nicht danach. Lass sie vorüberziehen. Dann richte deine Aufmerksamkeit wieder auf das offene Gewahrsein. Bleibe in jedem Moment präsent. Diese Präsenz und diese offene Haltung kannst du auch im Alltag üben.

WENN

ICH ESSE, ESSE ICH,
WENN ICH SCHLAFE,
SCHLAFE ICH.
NARREN LACHEN
MICH AUS,
DOCH DIE WEISEN
VERSTEHEN MICH.

Zen-Spruch

32. WOCHE

Meister Rinzai verstand es, glücklich und zufrieden zu sein. Sein Geheimnis? Wenn er hungrig war, aß er, wenn er müde war, schlief er. Aber was machen wir die meiste Zeit? Während wir im Bett liegen, denken wir schon ans Aufstehen. Während wir aufstehen, überlegen wir, was heute ansteht. Während wir telefonieren, überlegen wir, was wir essen werden, und während wir essen, schauen wir fern. Unsere Gedanken sind ständig woanders und nicht da, wo wir gerade sind. So sind unser Geist und unser Körper ständig getrennt, und wir fühlen uns gestresst. Wenn wir uns jedoch ganz auf das eigentliche Leben im Hier und Jetzt einlassen, dann haben auch wir, wie Meister Rinzai, die Chance, wirklich glücklich und zufrieden zu sein.

Zen fordert uns auf, innezuhalten und im Moment zu verweilen. Doch wenn wir müde sind, ruhen wir häufig nicht. Wenn wir schlafen sollten, denken wir an tausend verschiedene Dinge, die wir noch erledigen wollen. Wenn wir träumen, dann bewegen uns unzählige Informationen. Oft sind wir wie der Universitätsprofessor, der von Nan-in, einem japanischen Meister, etwas über Zen wissen wollte. Der Meister servierte dem Professor eine Tasse Tee. Als die Tasse randvoll war, hörte er aber nicht auf, weiter einzugießen. Der Professor protestierte: »Die Tasse ist voll. Mehr geht nicht hinein!« Der Meister antwortete: »Genauso wie diese Tasse ist Ihr Geist übervoll von Gedanken und Konzepten. Wie kann ich Sie Zen lehren, bevor Sie die Tasse geleert haben?«

Wenn wir uns nur auf den Schlaf und unser Bedürfnis zu schlafen konzentrieren, dann können wir wirklich entspannen und loslassen. Zen lehrt uns die erfüllende Kunst, Körper und Geist zu verbinden und ganz im Augenblick zu »sein«.[5]

Übung

Für einen gesunden Schlaf sind Rituale sehr wichtig, damit Körper und Geist zur Ruhe kommen. Rituale finden sich in allen spirituellen Traditionen. Weißt du noch, wie du früher dein kleines Kind zu Bett gebracht hast? Es konnte einfach nicht einschlafen, bevor du nicht an der Spieluhr gezogen hast und das Lied »Weißt du wie viel Sternlein stehen …« erklang. Genauso kannst du jeden Abend vor dem Einschlafen ein Ritual zelebrieren, das dich beruhigt. Dabei sollten die Handlungsabläufe immer die gleichen sein. Was für andere albern oder kindisch wirkt, kann bei dir hilfreich wirken: den Wecker stellen, ein paar Seiten in einem Buch lesen, ein Bild, das für dich wertvoll ist, anschauen, ein Gebet sprechen, das Licht ausmachen, dich erst auf eine Seite drehen und dann auf deine Lieblingsseite. Halte dabei immer die gleiche Reihenfolge ein und probiere dieses Einschlafritual über längere Zeit aus. Ich wünsche dir jetzt eine gute Nacht!

DAS LEBEN

FLACKERT IN DEN BÖEN
VON TAUSEND ÜBELN,
ZERBRECHLICHER ALS
EINE LUFTBLASE IM WASSER.
IM SCHLAF STRÖMT JEDER ATEMZUG
AUS UND WIEDER EIN – WELCH WUNDER,
DASS WIR AUFWACHEN UND
NOCH AM LEBEN SIND.

Nagarjuna

33. WOCHE

Die berühmten tibetischen Meister pflegten abends vor dem Schlafengehen ihre Tasse sorgfältig zu säubern und umgekehrt neben ihr Bett zu stellen, denn sie waren nicht sicher, ob sie am nächsten Morgen wieder erwachen würden. Augenblick für Augenblick lebten sie im Bewusstsein des nahenden Todes. Sorglos und ruhig atmend überlassen wir uns oft unserem Schlummer, obwohl es keine Garantie dafür gibt, ob wir morgen wieder aufwachen werden. »Gesund aus dem Schlaf zu erwachen ist wirklich nicht so selbstverständlich, wie wir glauben, sondern etwas, worüber wir staunen sollten«, ermahnt uns der Weisheitslehrer Patrul Rinpoche. So rät er uns, es niemals an Achtsamkeit fehlen zu lassen, in Trägheit oder Unbewusstheit zu versinken, sondern den wahren Dharma zu praktizieren. »Das ist das Einzige, was euch zum Zeitpunkt des Todes hilft.« Gleich den tibetischen Weisheitslehrern sollten wir täglich über die Vergänglichkeit meditieren, Dankbarkeit entwickeln und die Kostbarkeit unseres Lebens Sekunde für Sekunde wertschätzen lernen. Welch eine Freude ist es doch, jeden Morgen aufzuwachen im Bewusstsein, dass wir leben und uns ein neuer Tag bevorsteht!

Meist füllen wir unser Leben mit belanglosen Geschäftigkeiten und nehmen uns keine Zeit für die wirklich wichtigen Dinge. Der Kampf um das Glück hält uns in Atem. Wir träumen von einer schönen Zukunft und grübeln, als wollten wir für immer leben. Manchmal jedoch wachen wir schweißgebadet mitten in der Nacht auf und fragen uns: »Was mache ich eigentlich mit meinem Leben?« So ein Moment ist eine wunderbare Gelegenheit, uns daran zu erinnern, dass wir nur Reisende in diesem Körper sind und am Ende alles zurücklassen müssen. Alles, was wir an Besitz und Reichtümern angehäuft haben, müssen wir aufgeben. Was am Ende zählt, sind nur unsere guten Taten, ist die Liebe, die wir geben und die Liebe, die wir empfangen haben. Dieses Bewusstsein kann uns helfen, unser Leben künftig zu vereinfachen, achtsam zu handeln und essenzielles Glück zu kultivieren: Tag für Tag, Nacht für Nacht!

Übung

Schließe die Augen. Stell dir vor, du sitzt am Ufer eines Flusses, deines Lebensflusses. Spüre deinen Körper, spüre deinen Atem. Es ist ein Unterschied, ob du dich vom Fluss deines Lebens einfach nur davontragen lässt oder ob du eine beobachtende Haltung einnimmst. Aus etwas Distanz betrachtest du, wie deine Gefühle und Gedanken langsam an dir vorbeiströmen. Sie kommen, du nimmst sie kurz wahr und lässt sie wieder ziehen. Trete kurz in Kontakt mit dem, was auftaucht, und lasse es wieder los. Durch den Abstand kannst du besser sehen, was in deinem Bewusstseinsstrom vorgeht. Du siehst den sich ständig verändernden Fluss deiner Wahrnehmung. So bleibst du stabil und klar.

WENN DU

UNACHTSAM LEBST,
SO WÄCHST DEIN VERLANGEN
WIE DER EFEU, UND VOLLER
BEGEHREN NACH FRÜCHTEN
IRRST DU HERUM,
VON LEBEN ZU LEBEN,
WIE IM DSCHUNGEL DER AFFE.

Worte des Buddha

34. WOCHE

In Indien lebte einst ein Mann, der einen großen Garten mit den schönsten Früchten und Rosen besaß. Er liebte seine Rosen über alles, sie waren sein ganzer Stolz. Eines Tages sah er eine Nachtigall auf einem seiner Rosensträucher sitzen, die eine Knospe nach der anderen zerpflückte und zerrupfte. Da wurde der Mann sehr zornig, und er beschloss, die Nachtigall zu töten. Am nächsten Morgen legte er Körner auf den Weg und darüber ein Netz. Als die Nachtigall die Körner entdeckte und zu picken begann, hing sie alsbald in den Maschen des Netzes fest. Der kleine Vogel zitterte vor Todesangst und wollte wissen, warum der Mann ihn töten wollte. »Du hast meine geliebten Rosen zerpflückt«, antwortete dieser. Da sprach die Nachtigall: »Lieber Mann, die Rose ist unter all den unzähligen Glücksmomenten nur ein winziger Punkt. Wenn du mich aber jetzt tötest, dann nimmst du mir damit meine sämtlichen Glücksmöglichkeiten.« Da überlegte der Mann und sagte: »Stimmt, das ist wirklich nicht gerecht. Ich lasse dich frei.« Zum Dank für diese Wohltat wies ihn die Nachtigall auf einen großen Schatz hin, der unter dem Baum in seinem Garten vergraben war. Der Mann fand dort zu seiner Überraschung einen Krug, der bis zum Rand mit Gold gefüllt war. Verwundert fragte er die Nachtigall, warum sie den Krug unter der Erde sehen konnte, aber nicht das Netz über der Erde. Da antwortete die Nachtigall: »Ja, so ist es eben. Mit dem Golde kann ich nichts anfangen. Aber die Körner begehre ich, und das Begehren macht blind.«[6]

In der buddhistischen Lehre werden als die Ursachen des Leidens die drei Geistesgifte bezeichnet: Dazu zählen Gier, Hass und Verblendung. Im Rad des Lebens sehen wir, wie man als Hungergeist wiedergeboren wird, wenn man seiner Gier blind folgt. Dargestellt werden Hungergeister auf Rollbildern mit einem riesigen Mund, einem dünnen Hals und einem Hungerbauch. Wegen ihrer dünnen Hälse können sie jedoch keine Nahrung aufnehmen und bleiben immer hungrig und unzufrieden. Manchmal liegen wir im Bett, und es überkommt uns ein großes Suchtverlangen, sei es nach Alkohol, Süßigkeiten oder Sex. Wir stehen auf: noch ein Bier, noch eine Tafel Schokolade, schneller Sex. Am Ende sind wir doch nicht befriedigt und fallen spätnachts benebelt ins Bett. Das Suchtpferd ist wieder mit uns durchgegangen. Was tun? Wir sollten erkennen, welche eigentlichen Bedürfnisse hinter unserem Verlangen stehen. Alle Heilung beginnt mit einem Bewusstsein über unsere Leidenschaft, mit der Akzeptanz und Kapitulation sowie dem Finden von neuen spirituellen Inhalten in unserem Leben.

Übung

Wenn du ein heftiges Verlangen in dir spürst, imaginiere es als Sturmwelle, die auf dich zurast. Lenke dann deine Aufmerksamkeit auf den Bauchraum, der dich im Gegensatz zum Kopfbereich erdet und stabilisiert. Beruhige dich durch die Achtsamkeit auf das Heben und Senken deines Bauches und konzentriere dich auf den Atemstrom, bis die emotionale Welle abebbt und du Ruhe findest. Gebe alle Spannungen mit der Atmung in die Erde ab. Spüre, dass du dem Ansturm standhalten kannst. Frage dich jetzt: Was brauche ich wirklich?

ICH DENKE,

DASS MEINE ANGSTANFÄLLE

MEINE BESTEN LEHRER GEWESEN SIND.

Yongey Mingyur Rinpoche

35. WOCHE

Schon seit frühester Kindheit quälten Yongey Mingyur Rinpoche starke Ängste und Panikattacken. Sobald er in die Nähe von unbekannten Menschen kam, hatte er Schweißausbrüche, und sein Herz raste. Doch bereits im Alter von 13 Jahren stellte er sich seiner Angst mit einem dreijährigen Meditations-Retreat und überwand sie. Mit 16 Jahren leitete er bereits als jüngster Retreatmeister im tibetischen Buddhismus ein traditionelles Drei-Jahres-Retreat an. Später wurde er von S. H. dem Dalai Lama im Zuge der Dialoge von modernen Wissenschaften und kontemplativen Traditionen wegen seiner tiefgründigen Meditationserfahrungen für neurologische Untersuchungen ausgewählt. Im Rückblick sagt er: »Im Nachhinein kann ich sehen, dass die Basis für meine Angst in der Tatsache zu finden war, dass ich die wahre Natur meines Geistes noch nicht wirklich erkannt hatte.« In der Meditation erlebte er nicht nur intellektuell, sondern in direkter Erfahrung, dass alle Angst und aller Schrecken ein Produkt seines eigenen Geistes gewesen waren.

Wir können von Mingyur Rinpoche lernen, niemals gegen unsere nächtlichen Ängste und Probleme anzukämpfen, da sie sonst nur schlimmer werden. Die Panik regiert uns. Andererseits: Wenn wir der Bedrohung befehlen zu verschwinden, weil sie unser Leben ruiniert, dann machen wir sie zu unserem Feind, der Macht über uns gewinnt. Deshalb rät uns der große Meditationsmeister, die Angst zu unserem Freund zu machen. Indem wir sie als Meditationsobjekt wählen, können wir die Panik allmählich transformieren. Auf diese Weise können Angstanfälle die Chance unseres Lebens sein. Wenn wir vor unseren Ängsten nicht weglaufen, werden wir erkennen, wie flüchtig unsere Gedanken und Emotionen sind und das Fixieren auf Probleme nur dazu führt, dass sie größer werden. In der Meditation erfahren wir unmittelbar, dass Gedanken keine Tatsachen und wie Scheinriesen weder real noch dauerhaft sind. Der eigentliche Autor hinter unseren Geschichten ist das unendlich weite, offene grenzenlose Gewahrsein, die Natur unseres Geistes. Wenn wir diese entdecken, stellen sich Gefühle von Wohlsein ein, die Buddhisten als Glück bezeichnen. Angst bedeutet immer Enge. Wenn wir dagegen in den blauen Himmel schauen, erfahren wir reines Gewahrsein, das wie der weite Raum ist und können darin verweilen.[7]

Übung

Ein gutes Mittel gegen Angstzustände ist die blaue Energie-Lichtmeditation. Entspanne dich und konzentriere dich auf dein Herzzentrum, das du ganz mit blauer Farbe anfüllst. Blau ist die Farbe des unendlich weiten Raumes, und es symbolisiert heilendes Licht. Tritt nun durch ein Tor aus deinem Herzzentrum heraus und werde eins mit dem blauen grenzenlosen Himmelslicht, das immer da und unzerstörbar ist wie die Liebe, die Klarheit und Weisheit in deinem Herzen. Verweile in dieser unmittelbaren und formlosen Erfahrung des blauen Energielichts. Du selbst und deine Umgebung sind nicht mehr getrennt voneinander. Wenn Gedanken und Emotionen auftauchen, lass sie vorbeiziehen wie Wolken am Himmel. Wenn Ängste auftauchen, versuche immer wieder zu diesem unzerstörbaren blauen Lichtraum zurückzukehren. Mit zunehmender Übung wird sich dein Geist entspannen und beruhigen, und Glücksgefühle werden sich einstellen.

DAS ZU UMARMEN,
WAS DICH VERFOLGT,
IHM INS AUGE ZU SEHEN,
SETZT EINE MENGE
POSITIVE ENERGIE FREI.

Tsültrim Allione

36. WOCHE

Da ist sie wieder, diese Angst, und lässt uns nicht schlafen: die Angst vor der Dunkelheit, vor dem Nichts, dem Sterben, dem Verlassenwerden. Der Moment, in dem sich das Bewusstsein vom Urgrund des Daseins getrennt fühlt, erfolgt die Geburt der Angst. Normalerweise rennen wir vor der Angst davon. Doch wenn wir an unsere Urangst herankommen, können wir uns auch von allen Folgeängsten befreien.

In der Meditation können wir uns mit diesem Urgrund, der Natur des Geistes verbinden und in dieser Vereinigung verweilen. So kommen wir körperlich und geistig zur Ruhe. Die Weisheitslehrerin Tsültrim Allione schreibt: »Wenn wir lernen können, im Geist zu ruhen, der wie der Himmel ist, nicht geboren, nicht endend und unbegrenzt und erkennen, dass dies unser eigentlicher Zustand ist, dann lösen wir diese grundlegenden Ängste auf.« Mit ihrem Buch »Den Dämonen Nahrung geben« hat sie auf der Basis alter buddhistischer Praktiken wie der Chöd-Praxis aus dem 11. Jahrhundert eine innovative Konfliktlösungsstrategie entwickelt. Wir können an unseren eigenen Schattenanteilen arbeiten. Mit dieser lebensverändernden Konfliktstrategie lassen sich starke Emotionen wie Hass, Neid, Stolz, Eifersucht oder Angst erkennen und annehmen. Denn die Erfahrung zeigt: Wenn wir unsere »Dämonen« verleugnen oder bekämpfen, geben wir ihnen nur mehr Energie. Schenken wir ihnen jedoch liebevolle Aufmerksamkeit, dann können wir sie befreien und auflösen.

Übung

Spüre den Dämon der Angst in deinem Körper auf. Wo lokalisiert er sich in deinem Körper? Wie ist die Empfindung, Farbe, Form und Temperatur an dieser Stelle? Personifiziere jetzt diesen Dämon und gebe ihm einen Namen. Jetzt werde selbst zum Dämon: Wie fühlt es sich an, selbst Dämon zu sein? Was will er? Was braucht er? Nun verwandle dich in deiner Vorstellung wieder in deine ursprüngliche Körperform und füttere den Dämon. Gebe ihm das, was er braucht, in Form eines Nektars. Wie fühlt es sich an, wenn er bekommt, was er braucht? Der Dämon verwandelt sich nun in einen Verbündeten, der dir hilft, dient und dich schützt. Wie sieht der Verbündete aus? Wie fühlt es sich an, aus einem Feind einen Freund gemacht zu haben? Löse am Ende der Praxis alle Visualisierungen auf und ruhe in der Natur des Geistes.[8]

ES KOMMT
NICHT DARAUF AN,
OB DIE ZEITEN GUT
ODER SCHLECHT SIND.

Tenzin Palmo

37. WOCHE

Manche von uns sind schwer krank, manche haben Verspannungen oder starke Schmerzen, die sie nicht einschlafen lassen. Die weltberühmte Nonne Tenzin Palmo, die zwölf Jahre lang in einer Höhle meditiert hat, würde dies als eine positive Ausgangssituation für die spirituelle Praxis sehen. »Nur wenn die Dinge schwierig sind, wenn wir Schmerzen oder Probleme haben, fangen wir an, uns für einen spirituellen Weg zu interessieren«, sagt sie. Man müsse trainieren, um Muskeln zu bekommen. Und mit spirituellen Muskeln sei es genauso. Samsara (Daseinskreislauf, Sanskrit »beständiges Wandern«) sei wie ein Gebirge mit Gipfeln und Talsohlen, wie ein Ozean mit Wellen. Manchmal sind wir oben, manchmal unten. Wie ein Surfer lernen wir die Welle zu reiten und freuen uns auf Herausforderungen. Große Wellen testen und trainieren unsere Fähigkeiten, uns auszubalancieren. Der Buddhismus lehrt uns, alle körperlichen und psychischen Probleme auf dem Weg als Chance zu sehen. Auf diese Weise können wir Schwierigkeiten nutzen, um daran zu wachsen.

Normalerweise haben wir eine starke Anhaftung an unseren Körper, weil wir ständig denken, dass wir unser Körper sind. Aber wir sind nicht unser Körper. Sobald wir das realisieren, fällt die ganze Angst vor dem Tod von uns ab. Interessanterweise haben Menschen mit Nahtoderfahrungen ihre Angst vor dem Tod vollkommen verloren, berichtet Tenzin Palmo aus ihrem Erfahrungsschatz. Sie haben danach kein Problem mehr damit, weil sie feststellen, dass zwar der Körper nach dem Tod aufhört zu existieren, nicht aber der Geist. Nur wenn wir uns stark mit dem Ego in diesem Leben identifizieren, ist das kleine Selbst sehr ängstlich. Im Tibetischen Buddhismus wird das Leben sogar als Vorbereitung auf den Tod gesehen, und es gibt eine Menge hilfreicher vorbereitender Übungen dazu. Aus buddhistischer Perspektive sind Krankheiten und Probleme auch kostbare Gelegenheiten, um unser negatives Karma aus früheren Leben zu bereinigen. Alle Phänomene erscheinen als Anweisung zur Transformation, und so können wir uns freuen, gutes Karma zu schaffen. Daher sagt Tenzin Palmo auch: »Wenn es gute Zeiten sind, dann ist es gut, wenn es schlechte Zeiten sind, dann ist es auch gut.« Ihre strahlend blauen Augen und ihr überwältigendes Lächeln belegen diese lebensbejahende und gelassene Haltung. Als ich vor ein paar Jahren auf einem Nonnenkongress neben ihr saß, war ich von ihrer positiven Ausstrahlung einfach überwältigt.

Übung

Schließe die Augen, entspanne dich und nehme wahr, an welchen Stellen dein Körper die Unterlage berührt und wie er allmählich immer tiefer sinkt. Fühle dich völlig präsent und zu Hause in deinem Körper. Trenne jetzt nach und nach dein Bewusstsein von deinem Körper. Entferne dich langsam mit deinem Bewusstsein immer weiter von deinem Körper und betrachte ihn aus der Vogelperspektive, von oben, von der Zimmerdecke aus. Jetzt fliege immer höher. Schwebe mit deinem Bewusstsein zunächst zu den Wolken, dann zu den Sternengalaxien in den unendlich weiten Raum. Siehst du deinen Körper noch? Sinke nach dieser Zeitreise allmählich mit deinem Bewusstsein wieder auf den Planeten Erde, in dein Zimmer, und schließlich in deinen Körper. Wie fühlst du dich jetzt?

LIEBE

KANN UNABHÄNGIG
VON ÄUSSEREN QUELLEN
ERFAHREN WERDEN.

Tsokney Rinpoche

38. WOCHE

Wir sind häufig von großer Sehnsucht erfüllt: Sehnsucht nach einem Partner, der uns endlich die große Liebe, die Geborgenheit bringen soll. Die meisten Menschen erwarten das Glück durch die Beziehung mit jemand anderem. So suchen sie mit schier unstillbarer Begierde die Erfüllung in einer äußeren Beziehung und zerbrechen daran, weil sie nicht bekommen, was sie sich wünschen. Das Tragische ist: Je mehr wir dem Verlangen folgen, umso mehr entfernen wir uns von uns selbst. Der tibetische Lehrer Tsokney Rinpoche weist uns daraufhin, dass wir in der falschen Richtung suchen, weil das Glück niemals in äußeren Quellen zu finden sei. Nicht anhaftende, bedingungslose Liebe dagegen fordert nicht und stellt keine Besitzansprüche. Sie ist reine Freundlichkeit, Wärme und Zuneigung, die wir uns selbst und anderen jederzeit entgegenbringen können. Wir können diese Kraftquelle in unserem eigenen Herzen finden, indem wir meditieren und unsere Achtsamkeit auf Körper, Gefühl, Geist und Gegenwart legen. Tsokney Rinpoche: »Verbinden Sie sich mit ihrer grundlegenden Liebe, und entdecken Sie dieses Wohlbefinden in sich selbst. Dann wird Ihnen die Liebe auch von außen entgegenströmen.«

Ein bewegendes Beispiel dieser bedingungslosen, nicht anhaftenden Liebe ist für mich die Geschichte von Tante Palo, die mein Lehrer Ringu Tulku oft erzählt hat. Tante Palo tanzte und sang noch bis ins hohe Alter. Sie alterte anmutig und starb in Frieden. Weil sie stets lächelte, sah man ihr das leidvolle Leben nicht an. Sie hatte ihren Mann und ihre beiden Söhne durch chinesische Kugeln verloren, außerdem ihren gesamten Besitz, ihr Land und ihre Kultur. Dennoch verlor sie niemals ihre Lebensfreude. »Wir haben keine Zeit, uns schlecht zu fühlen«, sagte sie lachend. »Wenn wir nichts Nützliches tun können, können wir zumindest freudig leben.« Sie hatte immer Bonbons in der Tasche, und jedem, ob jung oder alt, bot sie eines an.«

Übung

Folge mir zu einer Regenbogenmeditation: Stelle dir vor, du stehst am Fuße eines Regenbogens, und deine Wünsche und Sehnsüchte nach einem Partner ziehen dich heftig an sein entgegengesetztes Ende, wo er oder sie schon auf dich wartet. Imaginiere nun, dass du dir deinen Traum erfüllst und auf dem fünffarbigen Lichtbogen zu deinem Wunschpartner gleitest, der dich in seine Arme schließt. Spüre nun ganz intensiv das Gefühl von Vereinigung, Liebe und Erfüllung in deinem Herzen. Sei dir bewusst, dass Gefühle keine Tatsachen sind. Bewege dieses Liebesgefühl nun ganz stark in deinem Herzen, unabhängig von deinem Traumpartner. Du kannst dieses Liebesgefühl jederzeit ohne irgendeine äußere Quelle oder Beziehung kultivieren. Du wirst feststellen: Das, wonach wir uns sehnen, ist schon da – in deinem Inneren. Du musst es nur entdecken.

WENN IHR

EUER SCHAF ODER EURE KUH UNTER KONTROLLE HALTEN WOLLT, GEBT IHNEN EINE GROSSE, WEITE WIESE.

Shunruy Suzuki

39. WOCHE

Mitten in der Nacht schrecken wir auf. Wir sitzen senkrecht im Bett und schauen panisch auf die Uhr. Es ist zwei Uhr nachts, und unser Sohn ist noch immer nicht von der Party zurück. Fest abgemacht war doch, dass er spätestens um Mitternacht zu Hause sein soll. Was nun? Das Kopfkino läuft. »Es denkt uns«, und wir malen uns die schlimmsten Bilder aus: Wir sehen unseren Sprössling in unserer Fantasie schon völlig betrunken und halbtot auf der Straße liegen. Trotzdem: »Wenn er heimkommt, kann er was erleben!« Gleichzeitig wissen wir genau, dass er uns nie wieder etwas von sich erzählen wird, wenn wir ihm Vorwürfe machen und ihn beschimpfen. Eine geschickte Methode, Kinder zu erziehen, ist daher, ihnen Freiraum zu geben und ihr Treiben möglichst unvoreingenommen zu beobachten. Dabei können wir darauf achten, was sie tun, ohne sie kontrollieren zu wollen. Wenn wir ruhig bleiben und unserem Sohn das Gefühl geben, dass wir ihn bedingungslos lieben, an seinen guten Kern glauben und ihn nehmen, wie er ist, wird er uns vertrauen. Am nächsten Tag können wir dann in Ruhe mit ihm am Küchentisch reden und ihm sagen, dass wir sein Verhalten nicht billigen. Viele Jugendliche glauben, Freiheit sei, dass sie tun und lassen können, was sie wollen. Das ist nicht richtig. Vollkommene Freiheit kann man, laut Suzuki Roshi, nur gewinnen, wenn man sich der Regeln bewusst ist. Wenn wir den Jugendlichen innerhalb gewisser Grenzen und Regeln genügend Raum geben, dann wissen wir, was sie tun. Auf diese Weise können wir gut auf sie achtgeben und sie besonders in schwierigen Lebensphasen einfühlsam begleiten und fördern. Kinder zu ignorieren oder sie vor dem PC innerlich verwahrlosen zu lassen, wie es oft in der westlichen Gesellschaft der Fall ist, ist keine Lösung und wirkt sich destruktiv aus.

Wie bei der Erziehung unserer Kinder können wir auch mit unserem eigenen Geist verfahren. Wenn wir ihm eine große Weide geben und unseren endlos plappernden Geist unter Kontrolle bringen. Wenn wir unseren Geist aufmerksam und bewusst ohne Wertung aus einer gewissen Distanz beobachten, lernen wir ihn am besten kennen und freunden uns sogar mit ihm an. Gleichzeitig kultivieren wir eine positive und lebensbejahende Haltung, die beinhaltet, dass wir alles sein lassen können wie es ist. Wir sind für das Leben mit seinen Höhen und Tiefen gerüstet.

Übung

Stell dir vor, du bist ein großes weites Meer. Spüre deine Wasserqualität. Mitten in deinem Ozeanbauch wogen fortlaufend größere und kleinere Wellen hin und her, die sich heben und wieder senken. Sie kommen und gehen wie deine Gedanken und Empfindungen, die ohne Unterbrechung in Bewegung sind. Egal, ob es stürmt oder nicht, du bist deiner wahren Natur nach immer reines, klares Wasser mit ein paar unruhigen Wellen. Ruhe in dem Bewusstsein, dass du das große Wasser bist und Wasser und Wellen untrennbar eins sind. Spüre deine unerschütterliche tiefe Gelassenheit inmitten der bewegten Energie.

SOLANGE
DU DEM VERLANGEN FOLGST,
GIBT ES KEINE BEFRIEDIGUNG.
Worte des Buddha

40. WOCHE

Wir werfen uns unruhig im Bett hin und her und können vor brennender Leidenschaft und Erregung nicht schlafen. Übermächtiges sexuelles Verlangen treibt uns um. Die Frau oder der Mann auf der Party gestern hat unsere Sinne völlig ver-nebelt. Wir sind total ver-narrt. Welche Schönheit! Wir glauben, dass wir ohne den anderen nicht mehr leben können und sind süchtig nach ihm. Vor lauter Verlangen sind wir blind und wirken für andere bald lächerlich. Wir sehen das Objekt unserer Begierde durch die berühmte rosarote Brille und entwickeln eine völlig verzerrte Wahrnehmung. Jeder, der einmal »hoffnungslos« verliebt war, kennt das: Wir können nicht mehr klar denken und verlieren uns und jeden Sinn für die Realität. Am anderen entdecken wir nicht mehr den geringsten Fehler, erfinden ungeheure Geschichten über ihn und übertreiben seine guten Eigenschaften maßlos. In diesem Moment glauben wir, dass der andere uns für immer ewiges Glück und Zufriedenheit schenken könnte.

Doch nach den buddhistischen Weisheitslehren gibt es weder Glück noch Entspannung für uns, wenn wir dem Verlangen folgen. Wenn wir unseren Geist im Alltag genau beobachten, können wir feststellen, dass immer etwas in unserem Herzen fehlt und wir ständig Gründe im Außen suchen, warum wir nicht glücklich sind. Wir sind der Ansicht, dass wir Befriedigung finden, wenn wir unserem Verlangen folgen, aber genau das Gegenteil tritt ein. Immer wenn wir unserem Verlangen nachgeben, sind wir sogar noch unzufriedener als zuvor. Bald merken wir: Auf diese Weise finden wir das wahre Glück nicht, und unser Leben ist leer. Selbst wenn wir das Objekt unserer Begierde endlich besitzen, das wir zunächst als »Vergnügen« benennen, entsteht im Lauf der Zeit ein neues Problem, mit dem wir es nun zu tun haben. Aus jeder schönen Frau kann im Laufe des Lebens eine keifende Alte, aus jedem attraktiven Mann einmal ein mürrischer Greis werden. Selbst Marc Aurel wusste: »Treibt dich die Gier nach diesem oder jenem, besinne dich, wie schnell alles ins Grab der Vergessenheit sinkt und wie nichtig alles Vergängliche ist. Zerstreue dich nicht, und widerstrebe nicht, sondern ziehe dich in dich selbst zurück, und bleibe frei.« Auch der buddhistische Meister Lama Zopa sagt: »Sobald du erkennst, dass deine Begierde die Wurzel der Probleme ist, hörst du auf, ihr nachzugeben und wendest das Gegenmittel an – Meditation …« Sofort entsteht große Ruhe und Zufriedenheit in deinem täglichen Leben. Verlangen durch bewusste Selbsterziehung zu überwinden bedeutet Befreiung. Alle großen Weisheitslehrer wissen: Wir sind der alleinige Schöpfer all unseres Glücks und unserer Leiden.

Übung

Versuche dich zu entspannen. Überlege gut: Was fehlt in diesem Moment zu meinem Glück? Benenne es. Frage dich, ob du im Hier und Jetzt auch ohne diese Bedingung glücklich werden kannst. Entwickle Achtsamkeit und Dankbarkeit für die Dinge, die dein eigenes Leben bereichern und die dich glücklich machen. Mache dir Gedanken, wie du deinen Alltag so gestalten kannst, dass du die Dinge, die wirklich greifbar sind, so übst und in dein Leben einbaust, dass du glücklich bist.[9]

DIE HALTUNG,

PROBLEME ZU MÖGEN,
SOLLTE SO NATÜRLICH ENTSTEHEN
WIE DER GEDANKE,
EIS ODER MUSIK ZU MÖGEN.

Lama Zopa Rinpoche

41. WOCHE

Nachts, wenn wir schlafen wollen, braucht uns nur eine Mücke zu stechen, ein Hund im Garten zu bellen oder ein Autoreifen zu quietschen, und schon verlieren wir die Nerven. Unglaublicher Ärger steigt in uns auf. Den ganzen folgenden Tag beschweren wir uns: »So eine Zumutung! Ich habe die ganze Nacht kein Auge zugetan!« Nicht geschlafen zu haben wird zu einem unglaublichen Drama. Jedes winzige Problem bringt uns aus der Fassung und wird zu großem Leiden. Jede noch so geringe Störung im Außen erscheint uns als Feind, den es zu bekämpfen gilt. Doch wie uns diese Dinge erscheinen, hängt einzig und allein von unserem Geist ab. Weil wir nicht erkennen, dass unser Unglück in unserem eigenen ichbezogenen Geist wurzelt, sehen wir die Probleme immer im Außen.

Im Mahayana-Buddhismus gibt es auf dem Stufenweg zur Erleuchtung eine Praxis der Gedankenumwandlung. »Wenn du diese praktizierst, können dir Feinde und Krankheiten nicht mehr schaden«, versichert Lama Zopa Rinpoche. Seiner Ansicht nach sollten wir die Haltung entwickeln, Probleme zu mögen. Denn schlechte Umstände bringen uns dazu, Heilsames zu tun. Auf vielen Abbildungen sehen wir den großen Yogi Milarepa, wie er seine rechte Hand an sein Ohr hält. Diese Geste des Zuhörens bedeutet, dass ihm alle Phänomene als Belehrung und als Freund erscheinen. Durch eine positive, zugewandte und freundliche Haltung unserem Problem gegenüber entspannt sich unser Geist immer mehr, und wir geraten nicht mehr bei jeder Kleinigkeit aus dem Gleichgewicht. Daher sollten wir auf den Herzensrat von Lama Zopa hören: »Übe deinen Geist darin, alle Probleme in positivem Licht zu sehen! Betrachte sie immer als etwas Wünschenswertes!« Unsere Probleme als Pfad zu nehmen und unangenehme Situationen als angenehm zu sehen ist eine der kraftvollsten Übungen zur Gedankenumwandlung. Dadurch können wir wie Magier in unser Leben eingreifen und Leiden in Glück verwandeln. Wie wir Probleme auf dem Pfad verwandeln können? Zum Beispiel, indem wir sie nutzen, um Heilsames zu tun, um Liebe und Mitgefühl zu entwickeln, um unseren Stolz zu überwinden, um Trauer in Freude zu verwandeln, um Anhaftung und Gier zu überwinden oder negatives Karma zu reinigen.

Übung

Wenn andere dich schlecht behandeln oder nicht respektieren, solltest du folgende Anweisung von Shantideva zur Umwandlung des Geistes beherzigen. »Wenn dir von einer anderen Person Leid zugefügt wird, geschieht dies nur, weil du im vergangenen Leben diesem Lebewesen geschadet hast«, so Shantideva. Allein dein negatives Karma hat es dazu gebracht, dir in diesem Leben Leid zuzufügen. Indem du es durch deinen Ärger dazu veranlasst, weiter negatives Karma anzuhäufen, stößt du es in die geistigen Höllenbereiche hinab. Es genügt so zu denken, wenn andere dir Probleme machen, und schon verwandeln sich Rachegefühle in Mitgefühl.[10]

WAS IMMER,

DU AUCH TRÄUMEN MAGST,
DENKE NICHT SCHLECHT DARÜBER,
SONDERN VERSUCHE IMMER,
DAS GUTE ZU SEHEN!

Zen-Geschichte, erzählt von Zen-Meisterin Daehaeng

42. WOCHE

Manchmal wachen wir schweißgebadet aus einem Albtraum auf, und der ganze nächste Tag steht wegen unserer miesen Stimmung am Morgen unter einem schlechten Stern. Doch das muss nicht sein. Zen-Meisterin Daehaeng aus Korea erzählt uns dazu eine Geschichte, die wir hier stark verkürzt wiedergeben.

Ein Mann, der in einem Dorf lebte, hatte eines Nachts einen Traum, der ihn den ganzen nächsten Tag ängstigte und ihm wie ein böses Omen vorkam. Weil der Traum ihn sehr beunruhigte, ging er zu einem Mönch in einem nahe gelegenen Tempel und holte dessen Rat ein. Er berichtete ihm sorgenvoll von seinem furchteinflößenden Traum, der damit geendet hatte, dass er einen großen leeren Bambuskorb erhielt. »Ich werde den Gedanken nicht los, dass dieser Korb ein Zeichen von Unglück sein könnte.« Der Mönch aber gratulierte ihm ganz unerwartet und prophezeite ihm, dass er heute zu einem Festmahl mit köstlichen Speisen eingeladen werden würde. Ernst setzte der Mönch hinzu: »Was immer du in Zukunft träumen magst, denke nicht schlecht darüber, sondern versuche immer das Gute zu sehen! Alles hängt vom Herzen des Menschen ab. Bemühe dich daher selbst darum, dein Leben rechtschaffen zu führen.«

Egal, wie die äußere Situation ist: Wenn wir negative Gedanken hegen oder anderen schaden, dann werden wir von unseren eigenen Gedanken und Gefühlen wie von Dämonen verfolgt. Deshalb ist es sehr wichtig, bewusst auf unser Denken zu achten und gute Gedanken zu kultivieren. Die koreanische Zen-Meisterin rät uns daher, dass wir nichts Schlechtes denken sollten, selbst wenn wir einen Albtraum hatten. Wir sollten niemals denken: »Oh je, das war ein böser Traum. Es sieht ganz so aus, als ob mir etwas Ungutes geschehen wird.« Wer so denkt, dem folgt dieses Bewusstsein auf Schritt und Tritt nach. In so einem Fall könne es auch tatsächlich nicht anders kommen, als dass uns wie in einer selbsterfüllenden Prophezeiung etwas Schlechtes passiert. Daher achte gut auf deine Gedanken!

Übung

Heute möchte ich dich zu einem kleinen Gedankenexperiment einladen, dass du als Meditationspraxis immer wieder anwenden kannst, um zu üben, wie sich schlechte Gedanken schon im Entstehen abwenden lassen. Schließe die Augen und stell dir vor, dass du auf einem hohen Berg mit einer wundervollen Panoramaaussicht sitzt. Die Sonne scheint, und du genießt die einzigartige Atmosphäre von Weite und Stille. Konzentriere dich auf deine reine offene Bewusstheit, die wie der klare blaue Himmel vor dir ist, und achte genau darauf, in welchem Moment sich ein Gedanke manifestiert. Jedes Mal wenn ein Gedanke auftaucht, visualisiere ihn als transparente Luftblase am Himmel, die in Regenbogenfarben schimmert und durch die das Himmelsblau scheint. Immer, wenn du einen Gedanken wahrnimmst und anschaust, zerplatzt er wie eine Seifenblase und löst sich im weiten Himmelsraum auf. Konzentriere dich wieder auf deine reine offene Bewusstheit und fahre jedes Mal in dieser Weise fort, wenn ein Gedanke erscheint. Diese Übung erfordert starke Konzentration. Daher übe sie nicht länger als fünf Minuten täglich. Sie wird die Achtsamkeit auf das Entstehen und die Inhalte deiner Gedanken stark erhöhen.

WENN

DER ALTE PFLAUMENBAUM
PLÖTZLICH KNOSPEN TREIBT,
ÖFFNEN SICH DIE BLÜTEN,
UND DIE WELT ENTSTEHT.

Dogen Zenji in Shobogenzo

43. WOCHE

»Der Frühling ist genau in dem Augenblick da, wenn sich die Blüten öffnen«, sagt Meister Dogen (1200–1253), der Begründer der Soto-Schule in seinem berühmten Werk »Shobogenzo«. In seinem Weisheitszitat bezieht er sich auf eine Überlieferung, als Meister Prajnatara den Meister Bodhidharma zum Nachfolger ernannte und ihm einen Vers schenkte. Dessen letzte beiden Zeilen lauten: »Wenn die Frucht reif ist, ist das Erwachen vollendet.« Die Metapher weist uns auf die tiefgründigen buddhistischen Weisheiten vom abhängigen Entstehen der Phänomene und deren Verwandlungsfähigkeit hin. Die Blüten des Pflaumenbaums verkörpern ein universelles Prinzip, erklärt uns die Zen-Meisterin und Shobogenzo-Interpretin Dagmar Doko Waskönig. Sie offenbaren die kosmische Wahrheit des Werden und Vergehens und inspirieren uns, dem natürlichen Wachstumsprozess Vertrauen zu schenken. Oft können wir notwendige Veränderungen nicht abwarten und reißen die Früchte ungeduldig vom Zweig und aus dem Boden, bevor sie reif sind. Auf so einer Handlung liegt kein Segen. So wie viele Regierungen heute gewaltsam in die Natur eingreifen und den Lauf der Flüsse ändern, wollen wir unsere Wünsche oft vor der Zeit durchsetzen. Wir wollen nicht vernünftig sein, uns nicht nach den Natur gegebenen Tatsachen richten. Wir akzeptieren die Jahreszeiten nicht mehr. Ohne Rücksicht auf andere wollen wir unsere Wünsche jetzt und sofort verwirklichen. Doko Waskönig bestätigt: »Allzu oft kommt es im täglichen Leben vor, dass wir für Zeichen wie die Pflaumenblüte blind sind.« Der erwachte Mensch kann dagegen im konzentrierten Zustand der Meditation die Entstehung der Welt in jedem Moment mit dem inneren Auge sehen. Die Frage ist: Wer sieht und wer träumt? Das Nachdenken über den Wachstumsprozess der Blüten regt uns dazu an, das Entstehen und die Verbundenheit der Naturelemente und unserer inneren Prozesse voll Dankbarkeit zu würdigen und zu respektieren. Die Welt entsteht für denjenigen, der sie wahrnimmt, in jedem Moment frisch und neu. Das Weisheitsbuch des Shobogenzo lehrt uns, dass sich die Welt in jedem Augenblick in voller Schönheit und Blüte zeigt und neu kreiert, wenn wir sie nur sein lassen.

Übung

Visualisiere dich als deinen Lieblingsbaum. Spüre deine Wurzeln, die dich fest und sicher in der Erde verankern und deine Baumkrone, die mit dem Himmel verbunden ist. Mit deinem Einatem bringst du über deine Wurzeln Nährstoffe aus dem Boden in deinen kräftigen Stamm und pumpst sie mit dem Ausatem bis in deine Äste und Blätter. Mit dem Einatmen fängst du jetzt die Sonnenstrahlen auf, und mit dem Ausatmen schickst du diese Lebensenergie in deinen Stamm. Du spürst den Kreislauf von Wärme, Energie und Harmonie in dir. Du stehst da, lässt den Regen auf deine Blätter tropfen und die Jahreszeiten unerschütterlich an dir vorübergehen. Du fühlst dich mit allen Elementen verbunden, atmest im Rhythmus der Natur, und nichts bringt dich aus dem Gleichgewicht.

DENKE,

NICHT ZU VIEL
AN DIE ZUKUNFT,
SONST ERGEHT ES
DIR WIE DAWA
DRUKPAS VATER.

Tibetisches Sprichwort

44. WOCHE

Dieses berühmte tibetische Sprichwort geht auf eine Geschichte über einen Lama zurück, der im alten Tibet von einem heiligen Ort zum nächsten pilgerte. Dort erzählte man sie besonders gerne den Menschen, die sich nie die Zeit für die tägliche spirituelle Praxis und Meditation nehmen wollten und die wirklich wichtigen Dinge des Lebens immer wieder auf später verschoben.

Einmal kam der Lama in eine Gegend, in der ein sehr armer Mann lebte. Dieser hatte an einem Tag einen ganzen Topf voll Gerste erbettelt, und er hütete diesen Schatz wie ein Vermögen. Weil er sich große Sorgen machte, dass sein Essen gestohlen oder von Tieren gefressen werden könnte, band er seinen Topf an einen Strick und hängte ihn unter die Decke seiner Hütte. Dann bereitete er sich sein Schlaflager direkt darunter, damit er mögliche Diebe ertappen würde, die ihm mitten in der Nacht den Topf stehlen könnten. Der Lama aber, der unmittelbar neben der Hütte meditierte, sah in einer Vision, wie Folgendes geschah:

Als der Mann sich unter den Topf zum Schlafen hingelegt hatte, dachte er darüber nach, wie er aus der Gerste Mehl mahlen, dieses mit Gewinn verkaufen und auf diese Weise sehr reich werden würde. Er sinnierte weiter, wie er aufgrund seines Wohlstands eine brave Frau heiraten und mit ihr ein glückliches Leben führen würde und sie schließlich einen Sohn bekämen. Als er sich ausmalte, wie sein Sohn heißen sollte, schien gerade der Mond in die Hütte. »Ich werde meinen Sohn Dawa Drukpa (berühmter Mond) nennen«, sagte er sich. Gerade in diesem Moment nagte eine Maus den Strick durch, so dass der Topf voll Gerste auf den Kopf des Mannes traf und ihn sofort tötete.«

Wenn wir zu viel über die Zukunft nachdenken und uns ständig in unseren Träumen von Reichtum und Glück verlieren, könnte es uns auch so wie dem Vater von Dawa Drukpa ergehen. Daher raten die buddhistischen Weisheitslehrer eindringlich, sich der Vergänglichkeit und der Kostbarkeit unseres Menschenlebens stets bewusst zu sein und die spirituelle Praxis nicht auf morgen zu verschieben, da es sonst zu spät sein könnte. Obwohl wir Menschen in der westlichen Gesellschaft wenig Zeit und viele Verpflichtungen haben, so können wir doch wenigstens morgens und abends spirituelle Rituale in unser Leben einbauen und tagsüber eine positive Motivation aufrechterhalten. Buddhisten üben jeden Morgen nach dem Aufstehen die Zufluchtnahme und entwickeln den Erleuchtungsgeist. So können auch wir geloben, dass wir bei allen unseren Aktivitäten jeden Tag mit Liebe und Mitgefühl für das Wohl der Wesen wirken.

Übung

Erinnere dich jeden Abend vor dem Schlafengehen an die positiven Handlungen des heutigen Tages. Entwickle tiefe Dankbarkeit und Wertschätzung für die geschenkten Chancen, Gutes tun zu dürfen. Widme alle Verdienste des heutigen Tages und alle positiven Handlungen, die du heute angesammelt hast, selbstlos dem Wohl aller Lebewesen. Wenn du auf diese Weise jeden Morgen und Abend praktizierst, wird sich dein Leben langfristig sehr positiv entwickeln. Alles hängt von deiner eigenen Sichtweise und Motivation ab.

ZEN

IST KEINE BESONDERE
LEBENSKUNST.
UNSERE LEHRE HEISST:
EINFACH LEBEN,
IMMER IN DER
WIRKLICHKEIT,
GENAU SO.

Sunryu Suzuki

45. WOCHE

In einer alten Zen-Geschichte wird berichtet, wie ein Mann aus dem Volk zu Zen-Meister Ikkyu sagte: »Meister, wollt Ihr mir bitte einige Grundregeln der höchsten Weisheit aufschreiben?« Ikkyu griff sofort zum Pinsel und schrieb: »Aufmerksamkeit.«
»Ist das alles?«, fragte der Mann. »Wollt ihr nicht noch etwas hinzufügen?« Ikkyu schrieb daraufhin zweimal hintereinander: »Aufmerksamkeit, Aufmerksamkeit.« »Nun«, meinte der Mann ziemlich gereizt, »ich sehe wirklich nicht viel Tiefes und Geistreiches in dem, was Ihr gerade geschrieben habt.« Daraufhin schrieb Ikkyu das gleiche Wort dreimal hintereinander: »Aufmerksamkeit, Aufmerksamkeit, Aufmerksamkeit.« Halb verärgert begehrte der Mann zu wissen: »Was bedeutet dieses Wort ›Aufmerksamkeit‹ überhaupt?« Und Ikkyu antwortete sanft: »Aufmerksamkeit bedeutet Aufmerksamkeit.«
Wenn wir diese Anweisung von Zen-Meister Ikkyu Tag für Tag in unserem Leben üben, werden wir mit einer wunderbaren

Kraft beschenkt. Auch S. H. der Dalai Lama sagt in seinen Vorträgen oft, dass Glück sich immer dann einstellt, wenn wir das, was wir tun, mit ganzem Herzen tun. Dann verwandelt sich Aufmerksamkeit ganz von selbst in eine reine Form der Liebe. Aber wie drückt sich diese Haltung der Liebe aus? An den großen Weisheitslehrern können wir sie gut beobachten: Sie ist reine Präsenz, die sich als Hinwendung und Zuneigung zu Menschen und Dingen ausdrückt. Immer wenn wir vollkommen achtsam sind und frei von jedem selbstbezogenen Wollen, Wünschen und Erwartungen, können wir entspannen und machen Ferien vom Ich. Alltagshandlungen wie das Bett zu machen sind eine Realität, die wir meist bewusst registrieren und von denen wir uns leicht lösen können. Aber unsere egozentrischen Emotionen legen sich oft wie klebrige Spinnennetze über unsere Handlungen, in denen wir uns verfangen. Dann nehmen wir die Wirklichkeit nicht mehr wahr, und das Drama beginnt. Hilfreich ist es in so einer Situation, unseren klebrigen, anhaftenden Geist von außen zu beobachten und sich Moment für Moment wieder frei für das spannende Abenteuer Leben zu machen. Der Schlüssel für unser Glück ist Aufmerksamkeit im gegenwärtigen Augenblick. Wenn wir dies praktizieren, fallen Sorgen und Stress von alleine von uns ab.

Übung

Immer, wenn du nicht einschlafen kannst, kannst du folgende Übung machen: Praktiziere reines Gewahrsein und schließe nichts aus deiner Wahrnehmung aus. Spüre, wie du im jetzigen Augenblick im Bett liegst. Spüre dein Bedürfnis nach Schlaf. Wie liegt dein Kopf auf dem Kissen? Ist dir heiß oder kalt? An welchen Körperstellen? Wo bist du verspannt? Wie geht dein Atem? Schnell oder langsam? Bleibe achtsam bei deinen Körperempfindungen. Wann immer ein Gedanke oder Gefühl, wie beispielsweise Enttäuschung oder Einsamkeit auftaucht, versuche dich distanziert von außen zu sehen. Nimm achtsam wahr, was du gerade denkst und wie du dich in deinen Gedanken verfängst. Mach dich frei und komme immer wieder zu deinen Körperempfindungen zurück, bis du beruhigt einschlafen kannst.[11]

DIE WAHRHEIT

IST GANZ NAH, DER WAHRE SCHATZ IST
GAR NICHT FERN – GANZ EINFACH UND GANZ LEICHT –,
UND DOCH KÖNNEN WIR IHN NICHT SEHEN.

Auszug aus dem Lotos Sutra

46. WOCHE

Wer ständig im Außen nach der Erlösung sucht, der schafft für sich selbst und andere nur tiefes Leiden. In diesem Sinne verfasste auch der hervorragende Zen-Meister Hakuin Zenji (1686-1769) ein Loblied auf die Praxis des Zazen, der Sitzmeditation. Damit können wir lernen, die Wahrheit in uns selbst zu entdecken. Diese Weisheit, liegt auch dem Lotos Sutra zugrunde. Alle Menschen, so Hakuin Zenji, seien im Grunde Buddhas. Menschen und Buddhas seien wie Wasser und Eis: Getrennt vom Wasser gibt es kein Eis, getrennt von den Lebewesen keine Buddhas. Nicht wissend wie nahe die Wahrheit ist, suchen die Geschöpfe sie in der Ferne – welch Jammer! Sie gleichen denen, die im Wasser stehend vor Durst schreien oder einem Kind reicher Eltern, das in Armut umherirrt.

Manchmal liegen wir heulend im Bett. Wir wollten unbedingt weit weg von unserem Ehemann und sind davongelaufen vor den endlosen Streitereien und zermürbenden Konflikten. Endlich haben wir uns getrennt und – sind auch nicht glücklich. Nun bereuen wir unseren Schritt zutiefst und sehen das, was wir hatten, plötzlich als verlorenes Paradies an. Wahrer Frieden und Geistesruhe sind für den japanischen Soto-Zen-Meister Taisen Deshimaru-Roshi, der als Bodhidharma der modernen Zeit gilt, frei von dem Wunsch nach Veränderung, dem Wunsch immer mehr haben zu wollen, ob im Beruf oder in der Liebe. »Die Wahrheit ist hier und jetzt, in uns selbst«, mahnt er. Gerade intelligente Menschen seien oft nicht in der Lage, selbst kreativ zu sein und einen tiefgründigen Geist zu entwickeln. »So können sie keine eigene Weisheit entwickeln und suchen ständig, mal links, mal rechts.« Viele Menschen im Westen irren auf der Suche nach der Wahrheit hektisch von einem spirituellen Supermarkt zum nächsten und bedienen sich mal hier mal dort. Bald idealisieren sie je nach Modetrend diesen spirituellen Lehrer, bald jenen. Sobald der Guru jedoch ihren Erwartungen nicht mehr entspricht, wenden sie sich tief enttäuscht für immer von jeder spirituellen Lehre ab. Doch wir alle sind nur fehlbare Menschen, und Religionen sind nur Konzepte, von Menschen gemacht. Daher ist es an uns, in die Stille zu gehen, um die Buddhanatur in uns selbst zu entdecken und unseren inneren Meister zu finden. Diesen Weg nimmt uns niemand ab. Wir können mit der Entdeckungsreise noch heute beginnen.

Übung

Visualisiere einen kleinen Buddha in strahlendem transparentem Licht über deinem Scheitel. Er symbolisiert erleuchtete Energie. Spüre, wie sich dein Scheitelchakra öffnet, das Weisheitslicht einströmt, dich segnet, und wie es nach und nach immer tiefer in dich hineinfließt. Spüre, wie der Erleuchtungsgeist in jede deiner Zellen dringt und zugleich deine negativen Energien als schwarze Rauchwolken aus deinem Körper entweichen, bis du vollständig in goldenes Weisheitslicht getaucht bist und es keine Unterscheidung mehr zwischen dir und dem Buddha gibt. Du bist am Ziel deiner Suche angekommen, und es gibt nichts mehr zu tun. Empfinde die lebendige Verbindung zur Wahrheit und verweile im Zustand tiefen Friedens.

OB DU GEHST,
SITZT ODER SCHLÄFST,
BLICKE IMMER IN DEINEN GEIST,
PAUSENLOS UND OHNE UNTERBRECHUNG.
DAS IST EINE **ÜBUNG**,
DIE DER **MÜHE** LOHNT.
Milarepa (1052-1135)

47. WOCHE

Meditation ist nichts für Feiglinge. Doch wenn wir auf die Lebensgeschichte des berühmten Yogi Milarepa blicken, lohnt sich das Wagnis. Milarepa, der im alten Tibet mehrere Menschen getötet hatte, erlangte in seinem Leben Erleuchtung. Seine Geschichte belegt, dass jeder von uns in diesem Leben Erleuchtung erlangen kann, ganz gleich wie tief er gesunken ist. Voraussetzung dafür ist die richtige Motivation, tiefe Hingabe und rechtes Bemühen. Weil Milarepa die Natur des Geistes verwirklicht hatte, konnte er den Berichten nach, wie viele Yogis im alten Tibet, mehrere Erscheinungen annehmen, durch die Lüfte fliegen oder durch feste Materie hindurchgehen. Sein Geist hatte ein Bewusstsein erlangt, das den gewöhnlichen Beschränkungen der physischen Realität nicht mehr unterworfen war. Er hatte erkannt, dass alle Erscheinungen eine Illusion sind, wie ein Spiegelbild des Mondes im Wasser oder eine Fata Morgana. Er konnte Wunder bewirken, weil er die illusorische Natur aller Projektionen des Geistes erkannt hatte und ihm bewusst war, dass sie letztendlich ohne Wirklichkeit sind.

Wenn wir uns auf das spannende Abenteuer einlassen und den Geist ohne Unterbrechung beobachten, können wir bald Folgendes feststellen: Die Natur des Geistes ist leeres und klar leuchtendes Gewahrsein. Der Geist ist seinem Wesen nach grenzenlos und unfassbar wie der Raum. Er hat weder Form noch Farbe oder Geschmack. Wir können den Geist also gar nicht lenken, sondern entspannen ihn am besten in sein eigenes natürliches Gewahrsein hinein. Das Problem ist nur, dass wir unseren illusionären Gedanken und Gefühlen nicht folgen sollten, sondern sie immer wieder loslassen sollten. Ein anderes Hindernis besteht darin, dass wir seit anfangsloser Zeit die Gewohnheit haben, den Geist zu beschränken und ihn als ein festes Ich zu empfinden und meinen, dass er seinen Sitz in unserem Körper hat. Wenn wir ihn irgendwo im Kopf oder Herz fixieren, dann sind wir für Kalu Rinpoche wie ein Kind im Mutterbauch, das überall an seine Grenzen stößt. Doch wenn wir lange genug in den Geist schauen, wissen wir, dass er unfassbar ist, nicht zu lokalisieren und ohne feste Form. Daher gibt Kalu Rinpoche zu bedenken: »Wir haben also die Wahl, entweder wie eine Maus in einem kleinen Käfig zu meditieren, die nirgendwo hingehen kann oder wie ein Vogel im weiten Himmel, der sich frei in alle Richtungen bewegen kann.«[12]

Übung

Beobachte deinen Geist auch im Traum und stärke deine Traumerinnerung durch die Technik des luziden Träumens. Stelle dir zuvor mehrmals am Tag die Frage, ob du wach bist oder träumst. So bist du dir deines Zustands bewusst und damit luzide. Nehme dir kurz vor dem Einschlafen vor, zu träumen und dir deines Zustands auch im Traum bewusst zu sein. Versuche, deinen Geist auch im Traum zu beobachten und stelle dir die Frage »Bin ich wach oder träume ich?« vor allem in Situationen, die Ähnlichkeit mit Traumerlebnissen besitzen. Beobachte beispielsweise, ob die Naturgesetze noch in Kraft sind, etwa indem du auf der Stelle hüpfst. In der Traumwelt empfindest du keinen Schmerz, wenn du dich in den Arm zwickst und kannst sogar fliegen. Mit der Zeit entwickelst du ein immer stärkeres Bewusstsein über den Geist.

LAUSCHE
DEINEM HERZEN UND
ÖFFNE ES.
Bhante Sujiva

48. WOCHE

Die Liebe ist eine geistige Eigenschaft. Mithilfe der Meditation können wir entdecken, dass die Liebe alleine dem eigenen Herzen entspringt und daher bewusst hervorzurufen ist. Bhante Sujiva lehrt in seinen angeleiteten Herzmeditationen, wie sich das Herz durch die Praxis der Liebenden Güte zu universeller Liebe erheben kann. Oft beobachte er bei Menschen im Westen, dass sie gesundheitliche Probleme wie Kopfschmerzen oder Magenleiden haben, wenn sie ihrem rationalen Geist folgen und die Stimme ihres Herzens überhören. Mithilfe der Praxis der Liebenden Güte lernen sie wieder, ihrem Herzen zu lauschen. Durch Achtsamkeitsübungen können wir nach und nach erkennen, dass unser Stress und unser Schmerz mit unseren Gefühlen zusammenhängen. Daher sollten wir der Stimme unseres Herzens folgen, deren Ruf und deren Liedern.

»Wenn das Herz sein wahres Zuhause gefunden hat, erfährt es tiefen Frieden und wird zur Quelle dauerhaften Glücks in der Welt«, so Bhante Sujiva. Die Praxis der Liebenden Güte bewirkt

Freude und Frieden und macht unseren Schlaf leicht und tief. Die Segnungen der Liebenden Güte und ihre Vorzüge sind dabei vielfältig. So wird überliefert, dass Menschen, die Liebende Güte entwickeln, glücklich schlafen, glücklich aufwachen und keine schlechten Träume haben. Personen, die an Schlaflosigkeit leiden, sind erfahrungsgemäß oft schlecht gelaunt, depressiv und fühlen sich elend. Dagegen können wir durch einen gesunden Schlaf uns und andere glücklich machen. Unser Leben gleicht einem Strom, der von der Geburt bis zum Tod ununterbrochen dahinfließt, gleich unseren Gedankenwellen und Erfahrungen, die sich von Augenblick zu Augenblick verändern. In der Nacht verarbeiten wir in unseren Träumen, was wir tagsüber erleben und denken. Daher sind unsere Träume auch ein Spiegel unseres Tagesbewusstseins und unserer Geistesbewegungen. Schlechte Träume sind daher auch ein Zeichen eines ungesunden Geisteszustands. Daher sollten wir mit der Praxis der Liebenden Güte Freude, Dankbarkeit und Frieden in unseren Herzen erwecken.

Übung

Erinnere dich an jemanden, den du sehr liebst oder geliebt hast. Fülle dein ganzes Wesen mit dieser Liebe. Spüre diese Liebe auch körperlich und lasse sie in deinem Herzen aufsteigen, bis es sich öffnet und überfließt vor Liebe. Dehne die Energie der Herzenswärme langsam über deine Körpergrenzen hinaus aus. Lade in dieses Energiefeld zunächst Menschen aus deiner näheren Umgebung ein, dann Menschen, mit denen du vielleicht Schwierigkeiten hast, dann alte und kranke Menschen, Verstorbene, Tiere und zuletzt alle Lebewesen. Bade alle Lebewesen in deinem Energielicht aus Herzenswärme und verbinde dich mit dem grenzenlosen Raum von Liebe und bedingungslosem Mitgefühl.

LASS DICH
EINFACH SEIN, WIE DU BIST,
UND DARAUS ERWÄCHST
EINE ECHTE SYMPATHIE
FÜR DICH SELBST.

Chögyam Trungpa

49. WOCHE

Wenn wir nach einem anstrengenden Tag zu Bett gehen, stellen wir wie in der Meditation eine enge Verbindung zu unserem Herzen her. Doch in der Stille der Nacht tauchen meist unangenehme Gefühle auf, die wir tagsüber verdrängen. Gelingt es noch, uns während des Tages hinter dem Bildschirm unseres PC's, dem Fernseher oder einem Buch zu verstecken, so ist die Stimme unseres Herzens spätestens in der Ruhezeit unüberhörbar, und wir können uns nicht mehr selbst betrügen. Für den Shambhala-Lehrer Chögyam Trungpa wäre dies eine wunderbare Gelegenheit, unser grundlegendes Gutsein zu entdecken, indem wir uns einfach so sein lassen, wie wir sind. Dieses ist für ihn deshalb gut, weil es wie die Grundordnung des Universums elementar und natürlich gegeben ist. So wie wir das Blau des Himmels, das Sonnenlicht und den Lauf der Jahreszeiten nicht ändern können, so müssen wir auch unsere Grundkonstellationen und Abhängigkeiten hinnehmen. Daher sollten wir es nicht als einen Mangel verdammen, wenn wir Aggressionen oder Ängste haben. Sie gehören ganz natürlich zu uns, und wir müssen nicht gegen sie ankämpfen. Ein Großteil des Chaos in der Welt rührt für Chögyam Trungpa daher, dass die Menschen keine Wertschätzung für sich selbst besitzen. Wer jedoch für sich selbst keine Sympathie aufbringe, der könne auch keinen Frieden in sich erfahren und auch niemandem anderen helfen. Seine Prognose: »Wer aufhört, sich selbst zu verdammen und zu bestrafen, wer sich entspannt und Geist und Körper zu schätzen lernt, der wird mit dem grundlegenden Gutsein in sich selbst in Berührung kommen.« Die Vorteile von Selbstmitgefühl sind zahlreich und überraschen. Die Gehirnforschung kann heute sogar belegen, dass Selbstmitgefühl emotionales Wohlbefinden stark fördert und das Mitgefühl gegenüber anderen Menschen erhöht. Es verstärkt Glücksgefühle, vermindert starke Emotionen wie Angst und Depressionen und hilft uns sogar, Diäten oder Trainingsprogramme einzuhalten.

Übung

Bevor du zu Bett gehst, mache eine kurze Meditation von fünf Minuten. Schalte einen Gang herunter und komme vom Tun ins Sein. Praktiziere in aufrechter Königshaltung und voller Wertschätzung ein waches Gewahrsein für dich selbst. Die Würde dieser aufgerichteten Haltung liegt darin, still und einfach zu sein. Atme in deinem natürlichen Rhythmus. Wenn Gedanken kommen, sage einfach »Denken«, und überlasse dich völlig entspannt wieder deinem Atemrhythmus. Spüre dein grundlegendes Gutsein und nehme dich liebevoll so an, wie du im jetzigen Moment bist.

ICH WERDE
IHN HIERBEHALTEN,
SELBST WENN IHR
ANDEREN ALLE GEHT.
Zen-Geschichte von Zen-Meister Muju

50. WOCHE

Auf dem Elternabend hatte die Mehrheit beschlossen, einen Antrag beim Schuldirektor zu stellen, um Alexander aus der Klassengemeinschaft auszuschließen, nachdem er zuvor die anderen Schüler wiederholt bestohlen und gemobbt hatte. Doch beim Einschlafen zerbrechen wir uns den Kopf darüber, was die Ursache für Alexanders Verhalten gewesen sein könnte. War unsere Entscheidung richtig oder falsch?

Zen-Meister Muju würde uns in diesem Fall wahrscheinlich folgende alte Zen-Geschichte erzählen: »Als Zen-Meister Bankei aus Japan während der Meditationswochen seine Schüler unterrichtete, wurde ein Schüler beim Stehlen ertappt. Obwohl die Gemeinschaft Bankei bat, den Täter davonzujagen, ignorierte er den Fall einfach. Etwas später wurde der Täter wieder bei der gleichen Tat erwischt, und wieder übersah Bankei das Vergehen. Die anderen Schüler empörten sich, forderten die Entlassung des Diebs und erklärten, dass sie sonst fortgehen würden. Bankei antwortete: »Ihr seid alle weise Brüder und wisst, was recht und was nicht recht ist. Geht woanders hin, wenn ihr wollt. Aber dieser arme Bruder kann nicht einmal zwischen Recht und Unrecht unterscheiden. Wer soll ihn unterrichten, wenn ich es nicht tue? Ich werde ihn hierbehalten, selbst wenn ihr anderen alle geht.«

Ein Strom von Tränen läuterte das Gemüt des Bruders, der gestohlen hatte. Jegliches Verlangen zu stehlen, war ihm vergangen.

Zen-Meister Bankei hatte als Einziger die Not des Schülers gesehen und Mitgefühl für ihn entwickelt. Oft treffen wir rigorose Urteile über andere und fragen uns nicht, was diesen Menschen im tiefsten Inneren fehlt. In der Regel entziehen wir ihnen jedes Mitgefühl, wenn sie uns oder der Gemeinschaft schaden. Aber vielleicht haben sie nicht so optimale Lebensbedingungen gehabt wie wir und nie die Zuwendung erhalten. Vielleicht haben sie keine einfühlsame Erziehung genossen, wurden von ihren Eltern geschlagen oder misshandelt. Wenn wir wie im Zen lernen, nicht zu urteilen, sondern tief zu schauen und die Buddhanatur in jedem Mitmenschen entdecken, können wir ihr Herz berühren und sie positiv beeinflussen. Der Zen-Weg fördert eine offene und unbestechliche Haltung, die jeden Meinungsdruck, jeden Formalismus und Dogmatismus missachtet und die Türen zur Erkenntnis weit öffnet. Auf diesem Weg entwickeln wir eine lebendige Erfahrung und eine Herzensgüte, die den Menschen zugutekommt, die auf der Schattenseite des Lebens wohnen.

Übung

Atme sanft und tief ein. Beim Einatmen denke: »Ruhe«, und lasse die Ruhe in dich hineinströmen. Beim Ausatmen denke: »Frieden«. Gib dich tiefem Frieden hin. Wenn Urteile über andere kommen, nimm sie wahr und lass sie wieder ziehen. Betrachte dein Ego wie einen dunklen Wolkenturm im weiten Himmelsraum, der sich als vorübergehende Erscheinung zusammenzieht und wieder auflöst. So zerbrichst du den Käfig deiner Verstrickungen, und dein Geist wird weit, offen und friedvoll. Wenn störende Gedanken aufkommen, konzentriere dich immer wieder auf deinen Atem. Dein Atem verankert dich immer wieder im Hier und Jetzt und verbindet deinen Geist mit deinem Körper. Auf diese Weise bleibst du stets achtsam und präsent.

WER
NUR EINEM EINZIGEN
WESEN MIT LIEBE UND
OHNE HASS BEGEGNET,
IST GESEGNET.

Worte des Buddha

51. WOCHE

Sollten wir gerade kein Auge zutun können, weil wir wieder einmal mit jemandem im Streit liegen, so kann uns vielleicht folgende Geschichte aus Buddhas Zeiten über die grenzenlose Macht der liebevollen Einstellung inspirieren.

Einmal wurde ein Mönch von einer Schlange gebissen und starb daran. Dazu sagte der Buddha: »Ganz sicher hat der verstorbene Mönch die Schlangenfamilien nicht mit seiner liebevollen Gesinnung durchdrungen. Hätte er ihnen seine Liebe geschickt, so wäre er nicht gebissen worden. Deshalb rate ich euch zu eurem Schutz, den Schlangen Liebe zu senden.« Weiter riet er den Mönchen, dass sie keinem Wesen Leid zufügen sollten. Auch sollten sie den Wunsch aussprechen, dass es allen Lebewesen gut gehen und niemandem etwas Böses geschehen solle.

Buddha war sich bewusst, dass die geistige Kraft der Liebe und der erwachten Menschen im Gegensatz zu den Tieren unbeschränkt ist. Daher fühlte er sich sicher und beschützt und hatte keinerlei Angst vor gefährlichen Tieren. Die Befreiung des Herzens durch die liebevolle Freundlichkeit übertraf für ihn alle anderen verdienstvollen Handlungen. Wer achtsam liebevolle Freundlichkeit ausströme, der löse sich von den dunklen Kräften, und keine Fessel beenge ihn mehr. Für ihn war derjenige mit Liebe gesegnet, der anderen mit Liebe begegnen könne und noch mehr derjenige, der allen Wesen Liebe senden könne. Dieser bräuchte sich vor keinem Feind mehr zu fürchten. Aus diesem Grund sollten auch wir uns ganz bewusst von unserem Hass lösen und selbst unseren Feinden mit liebevoller Freundlichkeit begegnen, im Wissen, dass wir selbst dadurch gesegnet sind. Der Buddhismus wird auch als die Lehre vom abhängigen Entstehen bezeichnet. Viele alte Kulturen bewahren dieses Wissen noch, etwa wenn sie in kraftvollen Erdzeremonien mit Gebetsritualen die Kriechtiere bitten, ob sie in ihrem Lebensraum ein Haus errichten dürfen. Leider haben wir im Westen dieses zusammenhängende Wissen und dadurch den Respekt vor anderen Lebewesen weitgehend verloren. Das größte Leid in der modernen Gesellschaft passiert dadurch, dass wir uns von anderen Lebewesen als getrennt betrachten und nicht mehr sehen, wie wir alle miteinander verbunden sind. Selbst die Neurowissenschaft bestätigt, dass Mitgefühl mit anderen unser eigenes Immunsystem nachhaltig stärkt. Der Geist der Liebe ist grenzenlos. Und diesem grenzenlosen Geist können wir auch in unseren Träumen oder in der Meditation begegnen.[13]

✳ Übung ✳

Zaubere ein leises Lächeln auf dein Gesicht. Lasse nun liebevolle Freundlichkeit für alle Lebewesen wie eine warme Sonne in deinem Herzen aufgehen, die immer stärker scheint und sich immer weiter in den Raum ausdehnen möchte. Sende nun dieses Sonnenlicht der liebevollen Freundlichkeit tausende von Kilometern vor dich in den Raum, dann tausende von Kilometer nach hinten, dann nach rechts und nach links, nach oben und unten, bis der unendliche Raum um dich von dem warmen Sonnenlicht deiner liebevollen Freundlichkeit erfüllt ist. Ruhe entspannt in diesem glückseligen Gefühl.

WER LANGE ZEIT

SEIN VERTRAUEN GESTÄRKT UND TUGEND ENTWICKELT HAT, WER MEDITATION UND WEISHEIT ÜBT, DESSEN GEIST STEIGT NACH OBEN.

Worte des Buddha

52. WOCHE

Diesen tröstenden Satz sprach der Buddha einmal zu einem Fürsten. Dieser hatte sich Sorgen gemacht, ein schlechtes Ende zu finden. Zwar war der Fürst sehr achtsam, wenn er mit dem Buddha und den Mönchen den Tag verbrachte. Aber wenn er wieder den Menschen begegnete, verlor er seine Achtsamkeit jedes Mal aufs Neue. Da beruhigte ihn der Buddha, dass er aufgrund seiner stetigen Bemühungen um Achtsamkeit und Weisheit keinen qualvollen Tod erleiden werde und auch nach dem Tod keine schlechten Umstände zu befürchten hätte. »Wenn man einen Krug mit Öl in einen See wirft und er zerbricht, so bleiben die Scherben am Boden, das Öl jedoch steigt nach oben«, so der Buddha. Genau so werde der Geist eines Menschen, der die Achtsamkeit geübt habe, nach oben steigen, während die (unbeständigen Körper-)Scherben am Boden liegen bleiben. Begütigend prophezeite er dem Fürsten: »Dein ganzes Wesen ist Nirwana zugewandt, wie ein Baum, der in eine Himmelsrichtung geneigt ist.« Wenn solch ein Baum gefällt werde, dann stürze er in die Richtung, in die er sich geneigt habe. Ebenso werde der Fürst bei seinem Tod in Richtung Nirwana fallen.

Manchmal hetzen wir von einem Termin zum anderen, spüren uns nicht mehr und verlieren uns in Tagesgeschäften. In der Nacht kreisen wir in Gedankenschleifen und machen uns Vorwürfe, weil wir auf dem spirituellen Weg nicht weiter sind und die Abendmeditation schon wieder vergessen haben. Wir fürchten uns, weil wir am Ende des Lebens vielleicht feststellen müssten, dass wir uns keine Zeit für die wichtigen Dinge im Leben genommen und den Sinn unseres Lebens verfehlt haben. In so einer Situation ist es sehr wichtig, liebevoll und sanft mit uns umzugehen und uns nicht zu verurteilen. Wir haben Gutes getan. Wir können lernen, während des Tages kleine Achtsamkeits- und Atempausen einzulegen. Wir können an Hindernissen wachsen, so wie ein Baum nur dann fest und widerstandsfähig wird, wenn er oft vom Wind zerzaust wird. Dann werden seine Wurzeln immer tiefer und unerschütterlicher. Daher sollten wir niemals aufgeben und beharrlich und mit Ausdauer Schritt für Schritt unseren spirituellen Weg verfolgen. Dennoch ermahnt uns der große Weisheitslehrer Dilgo Khyentse Rinpoche noch heute mit den guten Vorsätzen zu beginnen: »Bringt man das ganze Leben damit zu, weltlichen Zielen hinterherzujagen, verschwendet man seine Zeit, so wie ein Fischer, der seine Netze in einem ausgetrockneten Flussbett auswirft!« Ein glückliches Leben ist die Frucht der Weisheit. Daher sollten wir uns in Krisensituationen nie nach unten ziehen lassen, sondern können uns große spirituelle Weisheitslehrer als Vorbilder nehmen und uns von ihren Lehren immer wieder inspirieren lassen.

Übung

Diese kleine Achtsamkeitsübung kannst du nicht nur abends oder nachts, sondern auch als Besinnungspause tagsüber mehrmals im Alltag anwenden. Atme dreimal ein und aus: Beim Einatmen denke »Ruhe«, beim Ausatmen denke »Entspannung«, und lasse alle Anspannung in den Boden abfließen. Dann richte deinen geistigen Blick innerlich nach oben zu deiner inneren Weisheit oder zu deinem Herzenslehrer, und stelle eine tiefe innere Verbindung her, die dich stärkt und dir Kraft auf deinem Weg gibt.[14]

ICH DANKE

von ganzem Herzen meinen buddhistischen Weisheitslehrern, die mich auf meinem Weg inspiriert haben, allen voran S. H. Dalai Lama und Ringu Tulku Rinpoche sowie Ani Karma Tsultrim.

ANMERKUNGEN

1 vgl. Sharon Salzberg, *Metta Meditation*, Freiburg 1996, Arbor Verlag, S. 52

2 nach Brenda Shoshanna, *Zen und die Kunst, sich zu verlieben*, Frankfurt am Main 2005, O. W. Barth Verlag, S.71

3 nach Thich Nhat Hanh, *Der furchtlose Buddha*, München 2013, Arkana, S. 195 ff.

4 Palikanon, Kürzere Sammlung, Sutta-Nipata 3/8; nach Paul Köppler, *So spricht der Buddha*, S. 357 f.

5 Zen Geschichte »Eine Tasse Tee« abgewandelt entnommen aus: Paul Reps, *Ohne Worte – Ohne Schweigen*, Frankfurt am Main 1976/2008, O.W. Barth Verlag, S. 21

6 Indisches Märchen, gekürzt aus: Buddhistische Schatzkiste, Buddhistisches Seminar, Bindlach, daraus: *Die Rose und die Nachtigall*, S. 590

7 nach Yongey Mingyur Rinpoche, *Die Wissenschaft vom Glück*, München 2007, Arkana, S. 29, 42,43 sowie Buddhis-

mus aktuell, Interview mit Yongey Mingyur Rinpoche, Ausgabe 4/09

8 mehr dazu: Tsültrim Allione, *Den Dämonen Nahrung geben*, München 2009, Arkana

9 Kommentar inspiriert nach Lama Zopa, *Probleme umwandeln*, München 1996, Diamant Verlag, S. 46 ff.

10 nach Lama Zopa, Probleme umwandeln, München 1996, Diamant Verlag, S. 72

11 Zen-Geschichte in: *Philip Kapleau, Die drei Pfeiler des Zen,* Sunryu Suzuki, Zen-Geist – Anfänger-Geist, Theseus Verlag, S. 48; Anregungen aus Charlotte Joko Beck, Einfach Zen, edition steinrich, S. 226 ff.

12 nach Kalu Rinpoche, Wie ein Vogel im weiten Himmel, Oy-Mittelberg 2007, Joy Verlag, S. 58, 98 und Zitat S. 103

13 Beispiele im Text, 3. Absatz, siehe auch Angereihte Sammlung 4/67, zitiert nach Paul H. Köppler, So spricht der Buddha, Frankfurt am Main 2004, O.W. Barth Verlag, S. 211

14 Abgewandelte Worte des Buddha im Text des 52. Kapitels, Gruppierte Sammlung 55/21; zitiert nach: Paul H. Köppler, *So spricht der Buddha*, Frankfurt am Main 2004, O.W. Barth Verlag, S. 214; Zitat von Dilgo Khyentse Rinpoche (1910-1991) in Mathieu Ricard, *Weisheit. Die schönsten Texte tibetischer Meister*, München 2011, Nymphenburger Verlag, S.67

QUELLEN

Die überlieferten Originalzitate des Buddha wurden für unsere Zeit von Michaela Doepke frei übersetzt. Da, wo nicht anders gekennzeichnet, stammen die Verse am Kapitelanfang aus dem Dhammapada und sind klassische Originaltexte aus dem Palikanon, der als buddhistische Grundlagenliteratur gilt.

5. WOCHE

Shantideva, *Bodhicaryavatara*, O. W. Barth Verlag, S. 79, 5. Kapitel Achtsamkeit, Vers 3, Frankfurt am Main 2005

6. WOCHE

Shantideva, *Bodhicaryavatara*, O. W. Barth Verlag, S. 81, Vers 13, Frankfurt am Main 2005

7. WOCHE

Brenda Shoshanna, *Zen und die Kunst, sich zu verlieben*, Frankfurt am Main 2005, O. W. Barth Verlag, S. 51

10. WOCHE

Thich Nhat Hanh, *Der furchtlose Buddha*, München 2013, Arkana, S. 193

12. WOCHE

Buddhismus aktuell, Ausgabe 1/2010, S. 42

13. WOCHE

Nach Sogyal Rinpoche, *Das tibetische Buch vom Leben und Sterben*, München 1993, O. W. Barth Verlag, S. 59

15. WOCHE

Buddhismus aktuell, Ausgabe 1/2007, S. 28 ff.

17. WOCHE

Shantideva, Anleitungen auf dem Weg zur Glückseligkeit, *Bodhicaryavatara*, Frankfurt am Main, 2005 O.W. Barth Verlag, S. 169

18. WOCHE

Angereihte Sammlung 5/48-51; siehe auch Paul Köppler, *So spricht der Buddha*, Frankfurt am Main 2004, O.W. Barth Verlag, S. 356 ff.

19. WOCHE

Palikanon, www.palicanon.com; Sutta-Nipata, Vers 149

20. WOCHE

Buddhismus aktuell, Ausgabe 4/2005, S. 32.

21. WOCHE

Jack Kornfield, *Nach der Erleuchtung Wäsche waschen und Kartoffeln schälen*, München 2010, Goldmann Verlag, S. 263.

22. WOCHE

Majjhima Nikāya 62, Die längere Lehrrede von Buddhas Rat an Rāhula – Mahārāhulovāda Sutta; www.palikanon.com

23. WOCHE

Sutta-Nipata 919; www.palikanon.com;

24. WOCHE

Brief des Nagārjuna an König Udayana. Übersetzung aus dem Tibetischen. Habilitationsschrift Dr. Heinrich Wenzel; Verlag G. Kreysing, 1886;

26. WOCHE

Shantideva, *Anleitungen auf dem Weg zur Glückseligkeit. Bodhicaryavatara*, Frankfurt am Main 2005, O.W. Barth Verlag, S. 211, Vers 129

27. WOCHE

Buddhismus aktuell 2/12 Interview von Michaela Doepke mit Hsin Tao, S. 43, 44

28. WOCHE

Shunruy Suzuki-Roshi, *Zen-Geist Anfänger-Geist*, Zürich, München, Berlin 1975, Theseus Verlag, S. 139

30. WOCHE

Thich Nhat Hanh, *Du bist ein Geschenk für die Welt*, Januar, Woche 4, München 2010, Kösel Verlag

31. WOCHE

nach Charlotte Joko Beck, *Zen im Alltag*, München 1990, Knaur Verlag, S. 109 ff.

33. WOCHE

Nach Patrul Rinpoche, *Die Worte meines vollendeten Lehrers,* Freiburg 2006, Arbor Verlag, S. 85

35. WOCHE

Interview mit Yongey Mingyur Rinpoche, geführt von Ayshen Delemen, in *Buddhismus aktuell,* Ausgabe 4/2009, S. 22

36. WOCHE

Buddhismus aktuell, Ausgabe 4/2012, Interview von Michaela Doepke mit Tsültrim Allione, S. 37

37. WOCHE

Buddhismus aktuell, Ausgabe 1/2007, S. 36

38. WOCHE

Buddhismus aktuell, Ausgabe 4/2007, S. 45

39. WOCHE

Shunruy Suzuki, *Zen-Geist, Anfänger-Geist,* Zürich, München, Berlin, 1997, Theseus Verlag, S.34

40. WOCHE

Lama Zopa Rinpoche, *Probleme umwandeln,* München 1996, Diamant Verlag, S. 47

41. WOCHE

Lama Zopa Rinpoche, *Probleme umwandeln,* München 1996, Diamant Verlag, S. 22 ff.

42. WOCHE

Daehaeng, *Wie fließendes Wasser, 33 Zen-Geschichten aus Korea,* München, 2008, Goldmann Verlag, S. 134 ff.

43. WOCHE

Dagmar Doko Waskönig, *Das Shobogenzo des Dogen Zenji,* Frankfurt am Main 2010, O. W. Barth Verlag, S. 83 ff.

45. WOCHE

Sunryu Suzuki, *Zen-Geist – Anfänger-Geist,* Zürich, München, Berlin 1997, Theseus Verlag, S. 129

48. WOCHE

Bhante Sujiva, *Die buddhistischen Herzmeditationen,* Duisburg 2007, Tushita Verlag, S. 12

49. WOCHE

Chögyam Trungpa, *Das Buch vom meditativen Leben,* München 2012, Knaur Verlag, S. 43

50. WOCHE

Paul Reps, *Ohne Worte – Ohne Schweigen*, Frankfurt am Main 1976, O.W. Barth Verlag, S. 61

51. WOCHE

Paul H. Köppler, *So spricht der Buddha*, Frankfurt am Main 2004, O.W. Barth Verlag, S. 211

52. WOCHE

Gruppierte Sammlung 55/21; zitiert nach: Paul H. Köppler, *So spricht der Buddha,* Frankfurt am Main, 2004, O.W. Barth Verlag, S. 214

ÜBER DIE AUTORIN

Michaela Doepke, geboren 1955 in München, studierte Neuere Deutsche Literatur, Kommunikationswissenschaft und Theaterwissenschaft. Sie war u.a. zehn Jahre lang Chefredakteurin der Zeitschrift »Buddhismus aktuell«. Michaela Doepke unterrichtet heute als Meditations- und Achtsamkeitslehrerin am Ammersee, wo sie als Buchautorin und freie Journalistin lebt und arbeitet.